乐玩
民间游戏

刘兰 著

中国文联出版社

图书在版编目（CIP）数据

乐玩民间游戏 / 刘兰著. —北京：中国文联出版社，2023.5
ISBN 978-7-5190-5185-3

Ⅰ.①乐… Ⅱ.①刘… Ⅲ.①游戏课—学前教育—教学参考资料 Ⅳ.①G613.7

中国国家版本馆CIP数据核字（2023）第092216号

著　　者　刘　兰
责任编辑　刘　旭
责任校对　秀点校对
装帧设计　刘贝贝　李　娜

出版发行　中国文联出版社有限公司
社　　址　北京市朝阳区农展馆南里10号　　邮编　100125
电　　话　010-85923025（发行部）　010-85923091（总编室）
经　　销　全国新华书店等
印　　刷　北京四海锦诚印刷技术有限公司

开　　本　710毫米×1000毫米　　1/16
印　　张　15.75
字　　数　256千字
版　　次　2023年5月第1版第1次印刷
定　　价　68.00元

　　教育是国之大计、党之大计，事关国家发展和民族未来。习近平总书记说："一个人遇到好老师是人生的幸运，一个学校拥有好老师是学校的光荣，一个民族源源不断涌现出一批又一批好老师则是民族的希望。"中共中央、国务院历来高度重视幼儿教育工作，党的十八大以来，以习近平同志为核心的党中央坚持以人民为中心发展教育，根据党的十九大的战略部署，中共中央、国务院印发了《关于学前教育深化改革规范发展的若干意见》，这充分体现了以习近平同志为核心的党中央对学前教育的高度重视，对广大学龄前儿童的亲切关怀。

　　众所周知，学前教育是终身教育的开端。孩子良好教育的开端呼唤优秀的幼儿教师，需要高素质的幼儿教师，幼儿教师要时刻牢记自己的使命，提升专业素养，潜心立德树人。作为幼儿园，要努力健全幼儿园教师培养体系，加强园本培训，依据幼儿园教师培训课程指导标准，强化园本教研，助力教师专业成长。

　　平远县城南幼儿园一直将提升教师专业成长作为一项重要工作常抓不懈。自2020年成立以来，坚持致力于打造"玩美"文化，突出乐玩特色，确定客家民间游戏为校本教研方向。《幼儿园教育指导纲要》的精神告诉我们：社会、文化、本土自然和人文资源应该是教育的另一宝贵而丰富的资源。仔细了解和挖掘传统民间游戏，我们会发觉其实它是一种集自由性、趣味性和假设性于一体的玩耍活动和学习活动，具有一定的思想性、教育性、随意性和娱乐性，它形式多样、简单易学、娱乐性强，可不受时间、空间、条件的限制，能随时随地进行。这与幼儿新鲜好奇、爱玩好动以及无忧无虑的年龄特征相契合。而且在游戏过程中除了获得愉悦情绪外，也会有探索、发现和创造。这对促进幼儿在身体、语言、数学、艺术、社会认知、心理素质等方面的发展，都是非常有益的，对幼儿教育有着很大的价值。另外一方面，民间游戏来源于生活，具有特殊的传承性，能将一代一代的人联系在一起，谈论着共同的话题，这也必定能使家长们重拾童心，与孩子共同享受民间游戏

的乐趣，使家长更好地成为孩子生活的朋友、游戏的伙伴，促进亲子关系的发展。这些都应该引起我们幼教工作者的重视并充分地对民间游戏在幼儿教育中的应用加以挖掘、开发和利用，让民间游戏独特的光彩和教育功能得以应用和发挥。

深入挖掘承载民族传统文化的客家民间游戏育人价值，让客家民间游戏在民族传统文化的基础上经过不断打磨加工，与时俱进，积极探索游戏与幼教有机结合，让积淀了丰富的文化底蕴，已经铭刻在了我们一代代人心中的客家民间游戏重放异彩。近两年来，我们积极探索，勇于实践，客家民间游戏经过我们不断深入研究挖掘、改编创新，注入时代特色元素，已经充分满足了儿童的好奇和园本研究的需求，为发扬我国客家民间文化，赋予了更浓烈的地方特色和时代气息。

《乐玩民间游戏》既是平远县城南幼儿园前期园本教研的一次总结，也是幼儿园教师对自身专业素养的一次探索和提升。通过全体教职工的同心协力，在以客家民间游戏为主题的园本研究活动的道路上注入款款深情，洒下滴滴汗水，充分挖掘了客家民间游戏的研究意义，在锻炼孩子灵活性、提高身体素质的同时，突出对幼儿独立自主、坚韧不拔、团结协作的引导教育，让古老的传统游戏焕发生机活力。如今，平远县城南幼儿园正如火如荼开展着以"阳光、健康、快乐"为特色的客家民间游戏混龄大运动体育活动，全园孩子爱玩游戏、会玩游戏已蔚然成风，养成了孩子坚韧、友爱、刻苦的优良品格，形成自己的办园特色。

教育事业永不止步，园本教研永不停息。希望通过本书的出版，能够帮助广大教师进行更深层次的教研活动，进一步提升教师教研能力，促进教师专业成长，推动客家民间游戏在幼儿教育上的创新，为开展幼儿教学活动提供有益探索，为山区幼教事业发展铺下一块坚实的砖，添上一片彩色的瓦。

平远县城南幼儿园　刘　兰
2022年11月

目录

第一章　3—6岁儿童教育要求与课程实施方案

第二章　3—4岁幼儿阶段

第三章 4—5岁幼儿阶段

第四章 5—6岁幼儿阶段

第五章　研究成果

附 录

第一章

3—6岁儿童教育要求与课程实施方案

第一节　实施《3—6岁儿童学习与发展指南》的要求

实施《3—6岁儿童学习与发展指南》应把握以下几个方面：

1. 关注幼儿学习与发展的整体性。儿童的发展是一个整体，要注重领域之间、目标之间的相互渗透和整合，促进幼儿身心全面协调发展，而不应片面追求某一方面或几方面的发展。

2. 尊重幼儿发展的个体差异。幼儿的发展是一个持续、渐进的过程，同时也表现出一定的阶段性特征。每个幼儿在沿着相似进程发展的过程中，各自的发展速度和到达某一水平的时间不完全相同。要充分理解和尊重幼儿发展进程中的个别差异，支持和引导他们从原有水平向更高水平发展，按照自身的速度和方式到达《3—6岁儿童学习与发展指南》所呈现的发展"阶梯"，切忌用一把"尺子"衡量所有幼儿。

3. 理解幼儿的学习方式和特点。幼儿的学习是以直接经验为基础，在游戏和日常生活中进行的。要珍视游戏和生活的独特价值，创设丰富的教育环境，合理安排一日生活，最大限度地支持和满足幼儿通过直接感知、实际操作和亲身体验获取经验的需要，严禁"拔苗助长"式的超前教育和强化训练。

4. 重视幼儿的学习品质。幼儿在活动过程中表现出的积极态度和良好行为倾向是终身学习与发展所必需的宝贵品质。要充分尊重和保护幼儿的好奇心和学习兴趣，帮助幼儿逐步养成积极主动、认真专注、不怕困难、敢于探究和尝试、乐于想象和创造等良好学习品质。忽视幼儿学习品质培养，单纯追求知识技能学习的做法是短视而有害的。

第二节 "乐玩民间游戏"课程构建与实施

一、课程内容

幼儿园应以游戏为基本活动，寓教育于各项活动之中。游戏对幼儿的身心健康和智力发展都有深刻的意义，孩子们在玩耍的过程中，既锻炼了想象力、创造力、意志力，同时社交能力和身体锻炼也得到了很好的发展。

我们有必要对以下三个方面进行深入的研究：

1. 激发儿童对民间游戏的兴趣、内在需求。

2. 加强对客家民间游戏进行挖掘、开发与利用，根据幼儿年龄特点进行加工，形成园本教程，开展客家民间游戏教学，包括体育类游戏、语言类游戏、益智操作类游戏。

3. 在客家民间游戏实践与研究中进一步探索客家民间游戏对于儿童成长的意义。

二、课程重点难点

对客家民间游戏进行挖掘、开发与利用，根据幼儿的年龄特点进行加工、创编，形成园本教程，开展客家民间游戏教学。

三、课程的思路和方法

1. 文献研究法：通过查阅收集客家民间游戏的文献资料，根据本园幼儿年龄特点，选择适合本园幼儿玩耍的民间游戏，指导幼儿民间游戏的方法和技巧，让孩子们在民间游戏当中得到更多的快乐。

2. 调查研究法：在平时的教学活动中积累经验，在课余时间对孩子、家长进行调查，找出家长和孩子们平时对客家民间游戏的积累，并和孩子的父母沟

通，让他们也对孩子进行必要的引领和指导，或者向祖辈询问更多的客家民间游戏，在此基础上进行研究，改变创造，积累经验，找出多种游戏的玩法。

3. 观察研究法：是研究者通过对目标行为进行有目的、有计划的考察、分析、记录，从而获取研究资料的方法。

本研究主要选取本园3—6岁的幼儿进行现场观察，并及时记录幼儿的言语、动作，以及在游戏过程当中的真实反应。这是有目的、有计划、有系统地搜集有关研究对象的现实状况，并及时记录下来。对幼儿在玩民间游戏的真实事件进行观察分析，并用最直接、最简单的方法记录下来。

4. 谈话研究法：对要研究的对象，以谈话为主要的方式来了解某人、某事、某种行为的一定意义。可以和幼儿进行沟通、询问，或者是当看到幼儿出现某一种行为时对幼儿进行谈话讨论。根据幼儿之间的行为，发生的问题、事情和幼儿进行最真实、最直接的沟通，了解他们在玩游戏之后最真实的想法和直接的反应。

5. 行动研究法：以行动研究为主要导向，理论结合实践，通过教学研究，检测课题研究阶段性的目标和任务，进一步加强和充实教学内容。

四、幼儿园开展民间游戏的形式

《幼儿园教育指导纲要（试行）》中提出"户外活动每天不得少于2小时"的要求。在幼儿园，通过开展客家民间游戏落实幼儿园体育的理念、目标、要求，主要是通过"早操""游戏""游戏教学"这三种形式的实践活动来实现。

每日民间游戏活动安排：

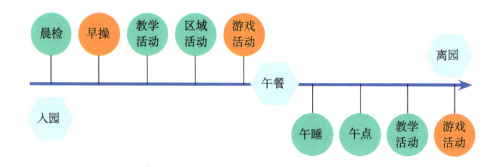

第二章

3—4岁幼儿阶段

第一节 3—4岁幼儿动作发展的目标与教育建议

《3—6岁儿童学习与发展指南》中指出对3—4岁幼儿动作发展的要求：

目标1：具有一定的平衡能力，动作协调、灵敏。

3—4岁幼儿动作发展目标：

1. 能沿地面直线或在较窄的低矮物体上走一段距离。

2. 能双脚灵活交替上下楼梯。

3. 能身体平稳地双脚连续向前跳。

4. 四散跑时能躲避他人的碰撞。

5. 能双手向上抛球。

教育建议：

1. 利用多种活动发展幼儿的身体平衡能力。如：

（1）走平衡木，或沿着地面直线、田埂行走。

（2）玩跳房子、踢毽子、蒙眼走路、踩小高跷等游戏活动。

2. 发展幼儿动作的协调性和灵活性。如：

（1）鼓励幼儿进行跑跳、钻爬、攀登、投掷、拍球等活动。

（2）玩跳竹竿、滚铁环等传统体育游戏。

3. 对于拍球、跳绳等技能性活动，不要过于要求数量，更不能机械训练。

4. 结合活动内容对幼儿进行安全教育，注重在活动中培养幼儿的自我保护能力。

目标2：具有一定的力量和耐力。

3—4岁幼儿力量和耐力发展目标：

1. 能双手抓杠悬空吊起10秒左右。

2. 能单手将沙包向前投掷2米左右。

3. 能单脚连续向前跳2米左右。

4. 能快跑15米左右。

5. 能行走1公里左右（途中可适当停歇）。

教育建议：

1. 开展丰富多样、适合幼儿年龄特点的各种身体活动，如走、跑、跳、攀、爬等，鼓励幼儿坚持下来，不怕累。

2. 日常生活中鼓励幼儿多走路、少坐车；自己上下楼梯、自己背包。

民间游戏学习与实践的多样化

游戏类型	组织形式	发展目标	教具、场地要求
语言游戏	集体及分组	1.学习儿歌的发音，听清楚句子中词的发音，并能表达完整。 2.锻炼幼儿肢体的表现能力和控制能力。 3.通过与同伴的合作，体验客家童谣带来的趣味性	室内或操场
益智游戏	集体及分组	1.训练幼儿手臂的控制能力，提高幼儿迅速躲闪的能力。 2.发展幼儿的想象和判断能力，启发幼儿的智慧。 3.培养幼儿的合作能力，并体验同伴合作的快乐	室内或操场 七巧板 制作钓鱼器械
体育游戏	集体	1.引导幼儿有节奏地念儿歌，发展语言表达能力。 2.能自然轻松地向前跳、爬、钻、跑，提高幼儿的运动能力。 3.锻炼幼儿的意志力，体验同伴合作的快乐	室内或操场

第二节　3—4岁幼儿动作发展的游戏

语言游戏：做糖果

【设计思考】

《做糖果》是一首简单有趣的客家童谣，里面的"拍""卖""尝"等字用客家话说起来发音很相似，可以锻炼幼儿的客家话口语能力，区分清楚不同动词的读音。学习这首童谣时，我运用图片这样直观的方式，让幼儿能够迅速理解童谣的意思。同时，童谣中"糖好吃，阿妈尝"这样的语句，可以引导幼儿懂得分享，并且通过自由创编，鼓励幼儿大胆把爱家人、爱朋友的感情表达出来，体会互相分享、互尝甜蜜的快乐。最后一个环节，我为小朋友们准备了糖果，让他们切实知道，糖果是甜的，分享的糖果更加甜蜜，增进孩子们之间的友谊。

【活动目的】

1. 锻炼幼儿的表达能力，学习用客家话念童谣。

2. 在童谣中感受分享的快乐，培养对家人、朋友的爱护之情。

3. 培养幼儿客家童谣的喜爱之情，感受客家童谣的朗朗上口。增加对客家的归属感，从幼儿做起宣传客家话。

【活动准备】

1. 图片。

2. 糖果。

【活动过程】

环节	活动内容安排	时间	形式
准备部分	1.演唱歌曲《小板凳》。 2.与幼儿进行客家话对话，创设客家话环境。 3.表演客家话童谣《手指点点》："一个手指点点，两个手指剪剪，三个手指弯弯，四个手指叉叉，五个手指开花"	2分钟	集体

学与练1	4.图片学习《做糖果》：通过图片来了解《做糖果》童谣中的语句意思。如：拍手即为"嗒糖糖"，是做的过程，用金钱和糖果表示"卖糖糖"等。 （童谣："嗒糖糖，卖糖糖，糖好吃，阿妈尝"）	4分钟	集体

环节	活动内容安排	时间	形式
学与练2	5.创编动作。幼儿通过图片大致了解童谣意思以后，鼓励幼儿对童谣进行动作创编，创编时可以小组合作，也可以个人想象，通过此方式加深对童谣的理解	3分钟	个人与集体

环节	活动内容安排	时间	形式
学与练3	6.动作展示与学习。幼儿对童谣进行了创编，请孩子们上台展示，同时通过重复童谣，让幼儿熟悉童谣内容。 7.所有幼儿都学会了童谣后，对最后一句"送给阿妈尝"进行创编：可以改成"阿爸尝""××尝"等，培养幼儿爱家人爱朋友的情感	2分钟	自主与集体

环节	活动内容安排	时间	形式
学与练4	8.（1）请幼儿上来将自己的创编展现给其他同学看； （2）幼儿间进行对话，把糖送给自己的朋友吃，培养爱同学的情感	5分钟	自主与集体

放松	9.一起用客家话念一遍《做糖果》，互相之间做动作。 10.吃糖，感受糖的甜蜜	2分钟	集体

（设计指导：刘兰　执教：张岚婷）

语言游戏：手指点点

【设计思考】

《手指点点》这首儿歌可以锻炼孩子双手的精细动作，同时也增强了动作的协调能力以及手的灵活性，从而开发了孩子的智慧。小班的孩子正是处于手部各技能发展的初期阶段，《手指点点》这首歌谣操作难度较浅，让孩子们五个手指点点、弯弯，让孩子们在这样的游戏中发展手的灵活性！同时它是一首客家童谣，可以很好地促进幼儿的客家话口语能力的发展，区分清楚不同动词的读音，让孩子从小不忘记方言，学习正宗的方言。

【活动准备】

活动室

【活动目的】

1.能一边念儿歌一边做相应的手指动作。

2.锻炼幼儿的语言表达能力，学习用客家话朗诵童谣。

3.培养幼儿对客家童谣的喜爱之情，感受客家童谣明快的节奏和朗朗上口的韵律美。

【活动过程】

环节	活动内容安排	时间	形式
准备部分	1.情景导入：认识自己的小手，小朋友们伸出你们的小手，我们来一起玩一玩"小手开门"吧。 2.小朋友们，"小手开门"好玩吗？小朋友们把小手拿出来，看看我们的小手有几个指头？ 师：对，我们的小手有五个手指，让我们一起来数一数吧！	2分钟	集体

环节	活动内容安排	时间	形式
学与练1	3.欣赏儿歌，理解内容。 师：今天老师又给小朋友们带来了一首手指的儿歌，听听看儿歌中的手指宝宝们在做什么游戏呢？（引导幼儿说出儿歌中的"点点、剪剪、弯弯、叉叉、开花"）	3分钟	集体

| 学与练2 | 4.请小朋友们再来听一遍，听听有几个手指点点？几个手指剪剪？几个手指弯弯？几个手指叉叉？几个手指开花？ | 3分钟 | 分组 |

续 表

环节	活动内容安排	时间	形式
学与练3	5.学习边念儿歌边进行手指游戏。 师：刚刚我们已经听过了儿歌，也看了手指游戏，会念的小朋友跟老师一起一边念儿歌一边来做这个手指游戏吧	4分钟	自主与集体

环节	活动内容安排	时间	形式
学与练4	6.幼儿分组练习，教师在旁指导	4分钟	自主与集体

环节	活动内容安排	时间	形式
学与练5	7.完整地朗诵儿歌并进行手指游戏。 8.做动物放松操	2分钟	集体

"手指点点"游戏教学活动

（设计指导：刘兰　执教：谢毓娴）

益智游戏：蒙眼摸人

【设计思考】

进入游戏前怕幼儿不熟悉玩法，就设计了先摸玩具这一环节，先熟悉蒙眼摸物，由摸物再到摸人，在玩的过程中可以不断增加幼儿的兴趣，游戏过程也是先示范，后集体玩，再分组自由探索，增强幼儿活动的自主性以及积极性。

【活动目的】

1. 能够通过声音或触摸方式辨认自己的同伴，说出同伴的名字。
2. 通过参加蒙眼摸人游戏，进一步熟悉同伴的声音以及特征。
3. 锻炼幼儿的注意力和记忆力。

【活动准备】

1. 蒙眼道具。
2. 玩具。
3. 桌子。
4. 空旷的场地。

【活动过程】

环节	活动内容安排	时间	形式
准备部分	1.教师先准备好玩具，请幼儿看一遍放在桌子上的玩具，并记住它们的摆放位置。 2.请几名幼儿用蒙眼道具蒙住眼睛，分别触摸玩具，并说出玩具的名称	3分钟	集体

环节	活动内容安排	时间	形式
学与练1	3.幼儿共同唱儿歌《蒙眼摸人》"摸，摸，摸田螺，摸得多，分给你一点，摸得少，你自己去摸……"幼儿手拉着手边念儿歌边走围成一个大圆圈，歌停人停	3分钟	集体与分组

续 表

环节	活动内容安排	时间	形式
学与练2	4.游戏"蒙眼摸人"。 （1）教师讲解游戏规则：幼儿首先相互观察同伴的特征，在幼儿中通过黑白配的方式选出一位幼儿作为蒙眼人，用蒙眼道具蒙上眼睛，并在原地转三圈。蒙上眼的幼儿先抓住一位幼儿，用自己的感官去感知被抓幼儿的特征，正确说出摸到的幼儿名字则为游戏成功。被摸到的幼儿为下一场游戏的蒙眼人。 （2）教师讲述注意事项：在此项游戏中，蒙眼的幼儿要注意用手摸其他幼儿时要轻轻地触摸、感受。避免手伤害到其他幼儿；并请全班小朋友仔细观察自己的同伴，关注同伴的特征。 （3）教师示范蒙眼摸人游戏，幼儿仔细观察	3分钟	集体

环节	活动内容安排	时间	形式
学与练3	5.通过黑白配游戏的方式选出一名幼儿用蒙眼道具蒙上眼睛，原地转三圈，其他幼儿一边转一边念儿歌"摸，摸，摸田螺，摸到谁，谁来摸"。蒙上眼的幼儿抓住一名同学，并根据自己前面观察幼儿的特征记忆，大声说出该名同伴的名字。说对即为游戏成功，被抓幼儿成为下一轮游戏的蒙眼幼儿	5分钟	自主与集体

| 学与练4 | 6.自由探索。
根据总人数分组，每组6—7名幼儿，围成一个小圆，蒙上眼的幼儿伸手抓住同组幼儿，并用感官感受被抓幼儿的特征，根据前面观察幼儿的特征记忆，猜出所抓幼儿的名字，然后，被猜出的幼儿就要换下抓住自己的幼儿，自己用蒙眼道具蒙上眼睛继续游戏 | 5分钟 | 分组与集体 |

续 表

环节	活动内容安排	时间	形式
放松	7.音乐《小猴子的勇敢军队》放松操。 8.总结	3分钟	集体

"蒙眼摸人"游戏教学活动

摸 走 说
基本动作

记忆 敏捷 思考
身体素质

盲人 大象
角色·情境

益智教学要素构成

学会 培养
观察 情感
常规·品质

教具准备

蒙眼道具 玩具 桌子 场地

（设计指导：刘兰　执教：卢妮靖）

益智游戏：钓鱼

【设计思考】

在日常生活中，孩子们有许多属于自己的高科技玩具，它们都是高机械制造出来的，而"钓鱼"这个游戏的玩法和材料的来源是可以亲子合作一起完成的，用几张报纸卷起来做一个坚硬的钓鱼竿，然后用胶带粘贴起来，涂上颜色。将线绳的一端固定在一磁铁上，做成一个鱼钩。线绳的另外一端粘在钓鱼竿上。在这个制作的过程中能增进亲子和同伴间的乐趣，同时游戏中也能提高幼儿的手眼协调能力。

【活动目的】

1. 在游戏中初步萌发幼儿的竞争意识。
2. 提高幼儿手臂控制能力及手眼协调能力。
3. 培养幼儿的合作能力，体验与同伴合作游戏带来的快乐。

【活动准备】

1. 钓鱼竿若干。
2. 各种鱼类。
3. 口哨。
4. 小篮子。

【活动过程】

环节	活动内容安排	时间	形式
准备部分	1.教师带领幼儿做热身运动。 2.教师出示游戏材料，讲解并示范材料的操作过程	3分钟	集体

环节	活动内容安排	时间	形式
学与练1	3.幼儿自由钓鱼练习。 （1）自由探讨钓鱼的方法； （2）围成一个圈，把小鱼放在中间，在规定的时间内，看谁钓的小鱼多，并让幼儿自己去给同伴点数，看谁多谁就是胜利者	3分钟	集体与分组

环节	活动内容安排	时间	形式
学与练2	4.故事导入《小猫钓鱼》,全体幼儿当"小花猫",教师当猫妈妈,看谁先把小鱼钓到给妈妈。游戏开始时猫妈妈说:"喵!喵!小花猫,今天天气真好,咱们一块儿去钓鱼吧!"这时猫妈妈带着小猫一起到小河边钓鱼,每人钓一条小鱼后,回到家里把小鱼交给猫妈妈。接着继续钓小鱼,把小鱼带回家	3分钟	集体

学与练3	5.把幼儿分成人数相等的两队,让幼儿跑到对面小河钓鱼,钓到鱼的幼儿回来拍本队幼儿的手,接着第二名幼儿再去钓,依次轮流钓鱼看哪队先把小鱼钓完	3分钟	自主与集体

环节	活动内容安排	时间	形式
学与练4	6.增加游戏难度，围成一个圈，把小鱼放在中间，在规定的时间内，根据小鱼的颜色、形状、大小等特征将钓到的小鱼进行分类。 （1）幼儿清点自己钓到的小鱼。 （2）分享收获	3分钟	分组与集体

放松	7.幼儿自由整理游戏材料。 8.教师带领幼儿做放松运动	3分钟	集体

（设计指导：刘兰　执教：凌艳）

体育游戏：跳房子

【设计思考】

小时候，我和小伙伴经常一起在地上画一座大大的房子，最上面是房顶，第二层是两个并排的格子，最下面是3个相连的单格（或者更复杂一些）。从下面往房顶单脚起跳，到并排的格子时，双脚同时落在两个格内，最后双脚跳入房顶返回，交由下一个伙伴开始。在幼儿园开展这个游戏，旨在发展幼儿的跳跃能力、身体协调和平衡能力，激发幼儿的学习兴趣，满足幼儿喜爱玩民间游戏的心理。

【活动目的】

1. 认识、了解开合跳、单脚跳动作要领。

2. 学习开合跳、单脚跳动作，锻炼腿部力量，提高身体协调能力。

3. 能随老师的引导积极参与活动，体验游戏活动带来的乐趣，提高参与意识、竞争意识、规则意识。

【活动准备】

1. 呼啦圈。

2. 活动音乐。

3. 无障碍的大场地。

【活动过程】

环节	活动内容安排	时间	形式
准备部分	1.热身运动。 热身跑：幼儿排成一列纵队，由老师带领，沿着操场进行绕圈跑。 热身操：教师带领幼儿在场地上做身体各部位的热身动作	4分钟	集体

续 表

环节	活动内容安排	时间	形式
学与练1	2.教师讲解。 教师向幼儿介绍游戏名称以及游戏道具	2分钟	集体

环节	活动内容安排	时间	形式
学与练2	3.初次尝试。 教师将呼啦圈摆成一个连着一个，将幼儿分为三组进行游戏，幼儿自由尝试单脚跳或者双脚跳	4分钟	分组

环节	活动内容安排	时间	形式
学与练3	4.变换呼啦圈。 教师将呼啦圈摆成两个连着两个，幼儿需要双脚分开跳过呼啦圈	4分钟	分组

环节	活动内容安排	时间	形式
学与练4	5.加大难度。 教师将呼啦圈摆成一个连着两个或者两个连着一个，幼儿跳到一个呼啦圈时需要单脚跳，两个需要双脚分开跳	4分钟	分组

环节	活动内容安排	时间	形式
放松	6.放松活动。 教师带领幼儿跟随音乐做韵律放松操，放松头部、腿部。 7.总结分享。 教师进行讲评后，带领幼儿收拾器械离开场地	3分钟	集体

（设计指导：刘兰　执教：谢蓉）

体育游戏：火车钻山洞

【设计思考】

钻、爬是小班幼儿喜欢的游戏活动之一，而火车也是幼儿最爱玩的玩具之一，幼儿们也非常喜欢看动画片里的托马斯，经常会模仿动画片里面的小火车。为了激发幼儿对新鲜事物的兴趣，培养幼儿的合作能力和手眼协调能力，设计了本次游戏活动。

【活动目的】

1. 探索用身体和手掌搭建山洞的不同方法，锻炼四肢支撑力及腰腹控制力。
2. 懂得轮流的含义，学会一个跟一个走，并遵守游戏规则。
3. 在搭建和钻爬山洞的过程中感受与同伴合作游戏带来的乐趣。

【活动准备】

1. 幼儿穿着便于运动的服装、鞋子。
2. 70厘米高的拱形门若干。
3. 音乐、哨子。

【活动过程】

环节	活动内容安排	时间	形式
准备部分	1.热身活动：教师带领幼儿做热身操。 队形练习：将幼儿按照托马斯（红、黄、蓝、绿）分组。 2.四种颜色的小火车排成四列纵队，练习稍息、立正和搭肩看齐。 3.幼儿讨论山洞的样子，并用身体演示	5分钟	集体

学与练1	4.组织幼儿玩游戏"开火车"。 小队长扮火车头带领幼儿开火车，后面幼儿拉着前面幼儿的衣服往前走，待听到"火车到站了"的口令后，即可自由走动。火车继续开始，每人要迅速找到自己的位置，继续往前走	3分钟	集体与分组

续表

环节	活动内容安排	时间	形式
学与练2	5.穿梭70厘米高的拱形门。 幼儿根据拱形门摆放的位置，集体练习弯腰钻	3分钟	集体

环节	活动内容安排	时间	形式
学与练3	6.与同伴尝试用身体和手掌搭建不一样的山洞。 （1）幼儿自由探索； （2）个别指导幼儿搭山洞的方法； （3）幼儿根据要领调整自己搭建的山洞； （4）增加游戏难度。 "火车钻山洞"钻山洞时要一个跟着一个走，不推不挤	5分钟	自主与 集体

环节	活动内容安排	时间	形式
学与练4	7.游戏：会移动的身体山洞。 （1）调整场地设置，与同伴自由寻找位置搭山洞； （2）幼儿尝试在距离较宽的山洞里自由穿梭； （3）幼儿增加新的游戏玩法	3分钟	分组与集体

放松	8.幼儿分两组进行"火车钻山洞"比赛。 9.放松运动"萤火虫"	3分钟	集体

"火车钻山洞"游戏教学活动

基本动作 钻 弯 支撑

身体素质 速度 力度 敏捷

体育教学要素构成

角色·情境 托马斯 森林

常规·品质 遵守 纪律 活泼 开朗

教具准备 拱门 哨子

（设计指导：刘兰 执教：凌艳）

体育游戏：切西瓜

【设计思考】

"切西瓜"是一个非常简单有趣的游戏，它不需要道具，只要有个空旷场地，幼儿在活动中可以尽情跑动，充分锻炼自己。在活动中，主要培养"跑"的技能及幼儿的规则意识。初始，可以先让幼儿了解跑的正确动作，同时，用雪糕筒设置的障碍跑让幼儿更加熟悉跑的运动。在活动中，我还设计了一个接力跑，让幼儿在活动中感受跑圆时的身体状态，了解跑圆时怎样可以跑得又快又稳。加入接力棒可以锻炼幼儿反应能力，同时通过水果蹲的游戏，让幼儿在游戏中锻炼反应能力，让他们能够在"切西瓜"游戏时迅速反应，达到游戏目

的。在后期，根据幼儿年龄特点，为了安全起见，将幼儿分组，以小圆开展游戏，避免滑倒。

【活动目的】

1. 充分锻炼幼儿反应能力与腿部力量，发展跑的技能。
2. 在活动中感受民间游戏带来的快乐，充分锻炼身心。
3. 感受与同伴间玩耍的快乐，促进同学间友谊。

【活动准备】

1. 雪糕筒。
2. 接力棒。

【活动过程】

环节	活动内容安排	时间	形式
准备部分	1.热身操：教师带领幼儿在空旷场地上做身体各部位的热身动作。 2.跑步动作原地练习：在原地进行跑步的摆臂练习与低抬腿练习。 3.绕障碍跑：把雪糕筒放在指定位置，教师带队进行绕障碍跑	3分钟	集体

续 表

环节	活动内容安排	时间	形式
学与练1	4.绕圈接力跑：幼儿分成4组，每组4人，围绕圆圈进行跑步运动，到达终点后将接力棒交给下一位小朋友，小朋友继续进行绕圈跑步	4分钟	分组

学与练2	5."水果蹲"游戏：锻炼幼儿的反应能力，点到名字的小朋友要蹲下并念口诀。 （1）围圆； （2）小朋友说："××蹲，××蹲，××蹲完AA蹲"	2分钟	集体

环节	活动内容安排	时间	形式
学与练3	6.学习儿歌《切西瓜》：指导幼儿正确念儿歌"切，切，切西瓜，我把西瓜切两半"	2分钟	集体

| 学与练4 | 7."切西瓜"游戏：将幼儿分成2组，每组8人，围成圆圈。
（1）教师讲解游戏规则，通过教师示范，让幼儿了解"切西瓜"游戏中的注意事项；
（2）进行"切西瓜"游戏，全体幼儿念儿歌，一名幼儿跟着儿歌进行切西瓜。当西瓜被切开时，两边孩子就往两边分散绕圈跑，先回到位置的做下一位切西瓜人 | 4分钟 | 分组与集体 |

续 表

环节	活动内容安排	时间	形式
放松	8.放松运动：排好4列，进行深呼吸和放松手脚运动。 9.教师总结：今天孩子们学习了"切西瓜"游戏，学会了"切西瓜"的游戏规则，小朋友们以后在游戏中要注意动作要正确，要保持重心稳定，小心滑倒哦	3分钟	集体

"切西瓜"游戏教学活动

基本动作：蹲、跑

身体素质：跑、反应

角色·情境：念

常规·品质：听口令、大声念

体育教学要素构成

教具准备：雪糕筒、接力棒

（设计指导：刘兰　执教：张岚婷）

体育游戏：保卫池塘（青蛙跳）

【设计思考】

"青蛙跳"是客家民间游戏中体育类的一个游戏，其中包含了"折青蛙"与"青蛙跳"两个大步骤，在游戏设计中，充分运用幼儿对青蛙的基础认识，为幼儿创设保卫池塘的情境，通过在情境中进行游戏，使他们更有兴趣，培养主人翁意识，鼓励能够在游戏中更加主动，不会轻言放弃。在折纸方面，由于小班幼儿的动手能力还比较弱，我们多用了一节活动课进行指导，并且在这节活动课中，幼儿在规定时间内折好了青蛙。本节活动课中，着重于幼儿吹的技能，增强幼儿肺活量，在过程中鼓励幼儿进行探索，找寻能把青蛙吹得更远的方法。

【活动目的】

1. 能够做深呼吸的动作，锻炼肺活量及动手操作能力。
2. 探讨使青蛙跳得远的方法，掌握用嘴吹的动作，学会控制力度。
3. 了解民间游戏玩法，体验民间游戏的快乐。

【活动准备】

1. 报纸。
2. 桌子。
3. 音乐。
4. 青蛙头饰。
5. 纸青蛙。

【活动过程】

环节	活动内容安排	时间	形式
准备部分	1.放松操：十二生肖操。 2.召唤士兵（折青蛙）：为保卫池塘召唤士兵。发下报纸，老师按照步骤，依次指导幼儿折纸，帮助幼儿掌握折青蛙的方法，直至所有人都折好了青蛙为止	5分钟	集体

环节	活动内容安排	时间	形式
学与练1	3.青蛙部队练兵。 （1）幼儿自行探索纸青蛙的玩法，自由在操场上、桌子上进行青蛙玩法的探索，为保卫池塘做好练兵准备； （2）鼓励幼儿将自己练兵的方法展示给大家看	5分钟	自主与集体

环节	活动内容安排	时间	形式
学与练2	4.口号练习：尝试用"呜"的嘴型唱歌，学习圆圆嘴巴，用圆嘴巴召唤青蛙士兵，在活动时将军们互相观察嘴型，把嘴型学会	1分钟	集体

| 学与练3 | 5.演习：吹纸游戏，用圆嘴型来吹纸，使嘴型更加符合标准。
（1）分成10组，每组2人，站在桌子的两边；
（2）气息大比拼：将纸放在中间，两边的孩子互相吹纸，纸飞向哪边哪边就输 | 3分钟 | 分组 |

环节	活动内容安排	时间	形式
学与练4	6.池塘保卫战。 （1）教师讲解比赛规则：小朋友们分成5组，每组4人，桌子两边各站2人，进行青蛙跳接力比赛，先跳完4回合的为胜； （2）幼儿比赛，教师在比赛中观察幼儿嘴型	5分钟	分组与集体

放松	7.放松运动：听《小跳蛙》，有节奏地做放松操。 8.教师总结	1分钟	集体

（设计指导：刘兰　执教：张岚婷）

体育游戏：木头人

【设计思考】

民间游戏"木头人"简单易学适合小班幼儿学习，可以锻炼幼儿的思维敏捷性，通过玩此游戏，初步培养幼儿的控制力和想象力。希望在玩的过程中带给孩子们无穷无尽的智慧、快乐和满足。

【活动目的】

1.锻炼幼儿的意志力，初步培养幼儿的控制力和想象力。

2.提高幼儿的语言能力。

3.培养幼儿对民间游戏的兴趣。

【活动准备】

1. 帮助幼儿了解木头人是什么样子的，初步对木头人有兴趣。

2. 铃鼓。

3. 报纸。

【活动过程】

环节	活动内容安排	时间	形式
准备部分	1.准备运动（全身运动）。 2.教师引导幼儿用语言表达木头人是什么样的，激发幼儿当木头人的兴趣	5分钟	集体

环节	活动内容安排	时间	形式
学与练1	3.全体幼儿一起念"山，山，山，山上有个木头人，不许说话不许动"，边念儿歌边跟着老师走，念完儿歌且教师转身后，幼儿定住不能动，如果谁坚持到最后不动不发出声音即为胜利者	3分钟	集体与分组

环节	活动内容安排	时间	形式
学与练2	4.请幼儿练习。 邀请一个幼儿来当引导者（小老师）带幼儿进行游戏	2分钟	自主与集体

学与练3	5.老师引导幼儿进行一些创编。 "山，山，山，山上有个大老虎，不许说话，不许动！"动作做老虎的样子	3分钟	集体

环节	活动内容安排	时间	形式
学与练4	6.男孩和女孩进行分组，男孩一组和女孩一组，并请出一个发出口令的引导者进行创编	5分钟	分组与自主

放松	7.听放松音乐，做放松运动。 8.木头人们排队，做木头人的放松运动，并有序退场	7分钟	集体

（设计指导：刘兰　执教：陈曦）

体育游戏：丢手绢

【设计思考】

丰富多彩的游戏不仅可以促进幼儿身心健康发展，而且能增长幼儿的知识，发展智力，同时也给我们带来了许多童年的欢乐，这个民间游戏是一个集体游戏，可以全班幼儿一起由教师带玩，也可以幼儿自由组合。可以锻炼幼儿灵敏性，快速反应的能力及幼儿自控能力，同时锻炼幼儿大肌肉群的发展。

【活动目的】

1. 锻炼幼儿灵敏性、快速反应能力及自控能力，锻炼幼儿大肌肉群的发展。
2. 学习遵守游戏规则。

3.体验与同伴相互追逐的快乐。

【活动准备】

1.手绢一条。
2.会唱《丢手绢》歌曲、画的圈圈。

【活动过程】

环节	活动内容安排	时间	形式
准备部分	1.幼儿跟随教师跑跳交替入场。 2.教师组织幼儿做热身活动。（头部运动、上肢运动、下蹲运动、体转运动。重点活动下肢、腿部和脚）	3分钟	集体

环节	活动内容安排	时间	形式
学与练1	3.引导幼儿站好队形，幼儿按照地上画的圆围成圆圈蹲好，齐唱《丢手绢》	2分钟	集体

环节	活动内容安排	时间	形式
学与练2	4.介绍游戏玩法：持手绢幼儿，沿顺时针或逆时针绕着小朋友走，圈上的幼儿一起拍手唱《丢手绢》，唱到"轻轻地放到小朋友的后面"时拿手绢的幼儿将手绢悄悄地放到圈上某一个小朋友的身后。唱到"快点快点抓住他"时，如果被丢给手绢的幼儿还没有发现自己身后的手绢，丢手绢的幼儿就要捉住他表演节目或背诵儿歌，若在唱的过程中被丢幼儿自己发现了手绢，就要拿起手绢，快速追逐丢手绢的幼儿，若追上了就要请丢手绢幼儿表演节目，若追逐一圈后没追上，两人交换角色，游戏重新开始	1分钟	集体

环节	活动内容安排	时间	形式
学与练3	5.教师示范游戏，并提出游戏规则： （1）不疯闹； （2）跑时不离开圈； （3）只准捡到手绢的那个小朋友起来追，其他的小朋友蹲在位子上给他们加油	3分钟	自主与集体

环节	活动内容安排	时间	形式
学与练4	6.幼儿开展游戏，老师指导。 （1）看幼儿有无遵守规则进行游戏； （2）帮助还未理解游戏玩法的幼儿一起完成游戏	8分钟	分组与集体

环节	活动内容安排	时间	形式
放松	7.放松活动：教师带领幼儿进行韵律放松操，主要做上肢放松和下肢放松。 8.教师进行讲评后，带领幼儿离开场地	3分钟	集体

"丢手绢"游戏教学活动

走 跑 蹲 基本动作

敏捷 反应 自控 身体素质

角色·情境

遵守 加油 常规·品质

体育教学要素构成

教具准备 手绢

（设计指导：刘兰　执教：曾红荣）

体育游戏：投纸球

【设计思考】

投掷是一种常见的生活动作，它既有生活的实用性又有身体锻炼的价值。投掷在小班幼儿的各项基本动作发展中属于比较缓慢的动作之一，主要是因为幼儿上肢的动作能力比较弱，他们的上肢爆发力缺乏，动作的协调性差，所以小班幼儿应该加强上肢力量和协调性的锻炼。而报纸是日常生活中常见的、随处可得的物品，报纸作为客家民间游戏的一种器材较为方便、安全。

【活动目的】

1.加强幼儿上肢力量和协调性的锻炼。

2. 提高幼儿反应能力。

3. 体验与同伴合作游戏的快乐。

【活动准备】

报纸搓成的纸球一个

【活动过程】

环节	活动内容安排	时间	形式
准备部分	1.幼儿扮演小兔子，跟随教师在《兔子舞》的音乐伴奏下，走跑跳交替进场。 2.幼儿做小兔子模仿操（上肢运动、下蹲运动、腹背运动、跳跃运动、整理运动）	2分钟	集体

环节	活动内容安排	时间	形式
学与练1	3.幼儿排成一路横队，面向老师。 教师：小朋友都听过"小兔乖乖"的故事对不对？今天老师请一部分小朋友来扮演小兔子，一部分小朋友扮演大灰狼。小兔子要学会闪躲，不要被大灰狼的纸球投中。大灰狼要学会用纸球用力投向小白兔	2分钟	集体

环节	活动内容安排	时间	形式
学与练2	4.（1）教师请一位幼儿示范投掷； （2）教师请幼儿集体体验手臂用力近距离投掷1—2遍，而后总结近距离用力投掷的动作要领	5分钟	分组

环节	活动内容安排	时间	形式
学与练3	5.（1）教师负责投掷，幼儿尝试闪躲纸球； （2）教师纠正不正确的闪躲方法，引导幼儿正确闪躲，可以蹲下，往后往左右两边躲，注意不碰撞，不捣乱	5分钟	自主与集体

环节	活动内容安排	时间	形式
学与练4	6.（1）幼儿分组进行投掷和闪躲的练习，教师在旁指导； （2）教师交代游戏玩法：被投中的小朋友出局，看看最后是小白兔赢了还是大灰狼赢了。幼儿开始游戏	5分钟	分组与集体

环节	活动内容安排	时间	形式
放松	7.教师带幼儿做放松运动（拍拍腿，伸展手臂） 8.收拾器械，师生共同离场	1分钟	集体

（设计指导：刘兰　执教：彭宇珊）

第三节　3—4岁乐玩民间游戏活动方案

　　民间游戏经过一代又一代人的传承和发展，积淀了丰富的文化底蕴，已成为我国优秀民间文化的重要组成部分。由于种种原因，许多民间体育游戏从它的载体到它所表达的人文精神正濒临失传与流散的情况。民间游戏传承伟大民族精神的价值，民间游戏的组织与实施及民间游戏在幼儿园中的合理分配、运用，都在培养幼儿的集体团结意识、协作能力及身体和体能的锻炼。同时与幼儿园教育教学的各个领域和幼儿的一日生活整合起来，实现教师与幼儿、活动课程的共同发展、共同成长。

【活动总目标】

　　1. 练习双脚向前行进跳，发展幼儿的下肢力量和跳跃能力，提高弹跳能力和身体的协调能力。

　　2. 培养幼儿根据指令进行下蹲、平衡、脚尖走等综合练习，培养幼儿的控制能力。

　　3. 发展幼儿快速奔跑的基本动作、应变能力、身体的灵活性及培养幼儿敏锐的观察能力。

　　4. 动作协调地钻过山洞，懂得轮流的含义，学会一个跟一个走，并遵守游戏规则。

　　5. 能友好地与伙伴一起游戏，体验和伙伴合作游戏带来的快乐。

民间游戏开场活动

小一班

踏步走

青蛙跳

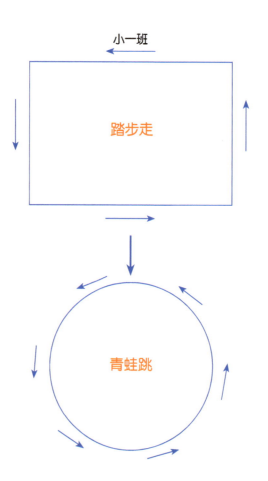

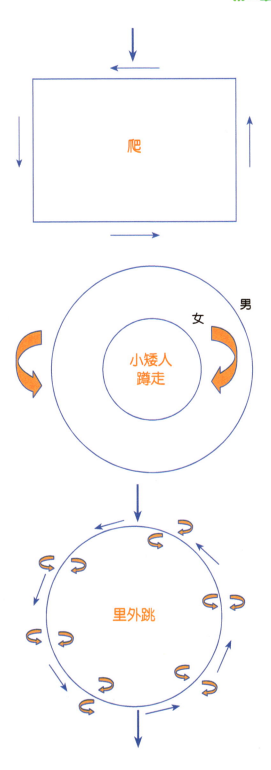

小三班

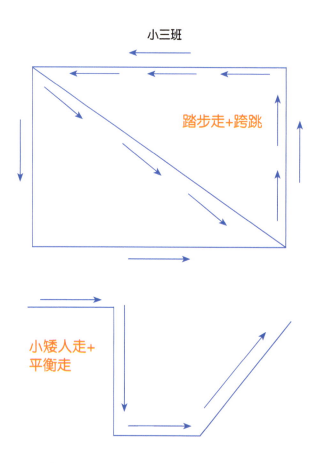

踏步走+跨跳

小矮人走+
平衡走

跳房子集体大循环（跳房子+钻山洞）

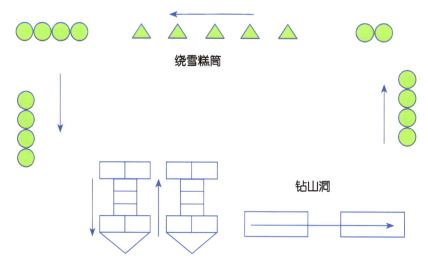

绕雪糕筒

钻山洞

课题成果展示：冰块解冻+丢手绢+木头人

【活动总宗旨】

民间游戏具有丰富的内容和特有的形式，有一定的思想性、教育性、多样性、趣味性、随机性和娱乐性，它可不受时间、空间、条件的限制，能随时随地拿来就玩。不仅符合孩子们好动、好学、好模仿、好游戏的心理特点，而且易学、易会、易传，还能促进孩子体、智、德、美诸方面的发展。幼教工作者要重视并充分地加以挖掘、开发和利用，让孩子们在民间游戏中愉快地成长，使他们的生活更加丰富多彩。

【活动总目标】

1. 在活动中的蹦、跳、跑等锻炼幼儿腿部力量，培养眼、脚的协调能力。

2. 锻炼幼儿的反应能力和语言表达能力，在游戏中感受同伴间玩耍的快乐。

3. 在活动中感受民间游戏带来的快乐，增加对客家文化的认同感和归属感。

游戏一：冰块解冻

【游戏目标】

锻炼幼儿的反应能力，学习与他人配合进行游戏。

【游戏玩法】

师幼一起念："做冰块，做冰块，有一块，有两块。"当教师念到"一人结冰"时，幼儿不动并做出造型，直到教师发出"冰块解冻"的指令才可随意走动。数字以此类推。

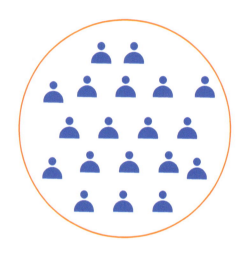

游戏二：丢手绢

【游戏目标】

1. 锻炼幼儿灵敏性快速反应能力及自控能力。
2. 锻炼幼儿大肌肉群的发展。
3. 学习遵守游戏规则。

【游戏玩法】

幼儿手拉手围成一个大圆圈，撒开手蹲下，选一个幼儿手持手绢。持手绢的幼儿按顺时针或逆时针方向绕着圆圈上的小朋友走或小跑，圈上的幼儿一起唱《丢手绢》，唱的过程中被丢幼儿自己发现了手绢，就要迅速拾起手绢，快速追逐丢手绢的幼儿，若追上了，丢手绢幼儿就要被罚表演节目，若追逐一圈后没追上，两人交换角色，游戏重新开始。

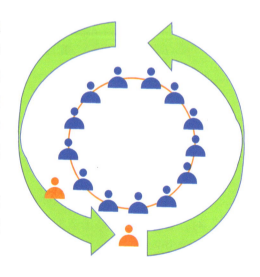

游戏三：木头人

【游戏目标】

初步培养幼儿的控制力和想象力，培养幼儿对民间游戏的兴趣。

【游戏玩法】

师幼一起念《木头人》的儿歌："山，山，山，山上有个木头人，不许说话不许动。"当念到最后一个字时，幼儿定住并做好造型。

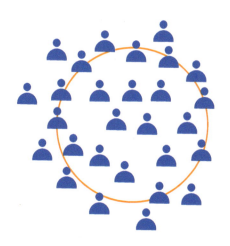

课题成果展示：钻山洞+跳房子+木头人+丢手绢

【活动宗旨】

使幼儿在活动中学会民间游戏，感受民间游戏带来的快乐，以游戏的方式锻炼身心，使幼儿身心得到社会、体育等领域的发展，满足幼儿成长需要。

【活动目标】

1.通过钻、蹦、跑、跳等动作，培养幼儿身体动作的协调能力。

2.锻炼幼儿的反应能力和语言表达能力。

3.让幼儿在游戏中感受同伴间玩耍的快乐，增加对客家文化的认同感和归属感。

【活动准备】

1.音乐。

2.平衡木、雪糕筒、地面房子、手帕。

【活动内容】

1.整队下楼，全级队形队列展示与准备运动。进行"木头人"游戏。

2.各班级游戏。

（1）听口哨进行"钻山洞"游戏：分成2组搭山洞依次钻过，钻完的小朋友回到外围组成圆。

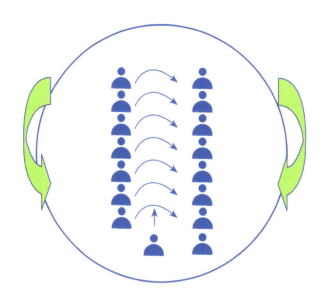

（2）与老师一起念儿歌绕圈进行"木头人"游戏。

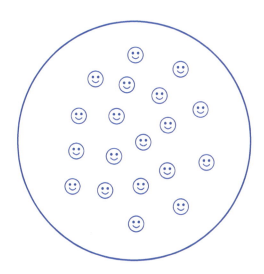

（3）在圆圈内蹲下，边唱儿歌边进行"丢手绢"游戏。

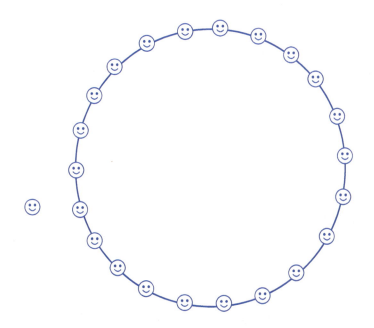

课题成果展示：钻山洞+切西瓜+木头人

【游戏总宗旨】

民间游戏种类繁多，对幼儿动作发展起着多方面的作用。既能促进幼儿走、跑、跳、钻等大肌肉动作的发展，又能发展幼儿小肌肉群和手眼协调能力，还能训练幼儿的平衡能力和反应的敏捷性，培养幼儿初步的自我保护能力和机智勇敢的精神，促使幼儿机体健康和谐地发展，从而增强他们的体质。且民间游戏有它独特的趣味性，根据小班幼儿的体质特点，故选择了以下几个游戏，来提高幼儿的身体素质和灵活性。

【游戏总目标】

此次的几个游戏，都根据小班幼儿的身体发育情况进行了选择，"火车钻山洞"能让幼儿初步体会到合作的乐趣，懂得按顺序一个一个轮流进行钻的动作，有利于幼儿灵活性的培养。"切西瓜"和"木头人"是常见的民间游戏，它具有独特的趣味性，能促使幼儿机体健康和谐地发展。

游戏一：火车钻山洞

【游戏目标】

初步懂得轮流的含义，学会一个跟着一个走，并遵守游戏规则。

【游戏过程】

幼儿听到音乐后自动寻找伙伴，两两一对，面对面，手心相对，小手抬高，做出山洞模样。排好队后，从最尾端开始依次钻山洞，钻完山洞，马上继续搭成山洞模样。

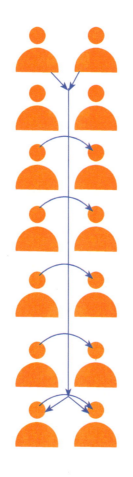

游戏二：切西瓜

【游戏目标】

愿意参与体育游戏，体验在游戏中奔跑、追逐的乐趣，能根据指令做相应动作。

全班幼儿排成一条直线：

听到老师的口哨声后，分成两队，男生一队，女生一队。由两个老师带领，手拉手围成一个圆，做游戏"切西瓜"。

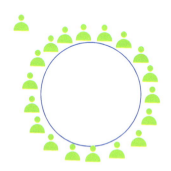 

游戏三：木头人

【游戏目标】

培养幼儿的快速反应能力，培养幼儿的肌肉控制能力。

听到老师的口哨声后，幼儿松手，跟着两位老师共同做游戏"木头人"。

小班级集体放松运动

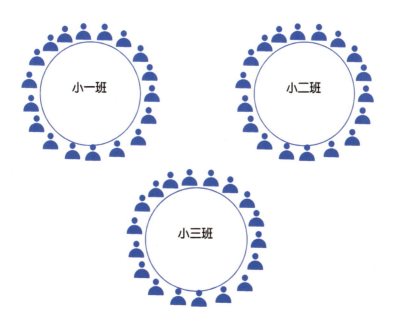

第三章

4—5岁幼儿阶段

第一节 4—5岁幼儿动作发展的目标与教育建议

《3—6岁儿童学习与发展指南》中指出对4—5岁幼儿动作发展的要求：

目标1：具有一定的平衡能力，动作协调、灵敏。

4—5岁幼儿动作发展目标：

1.能在较窄的低矮物体上平稳地走一段距离。

2.能以匍匐、膝盖悬空等多种方式钻爬。

3.能助跑跨跳过一定距离，或助跑跨跳过一定高度的物体。

4.能与他人玩追逐、躲闪跑的游戏。

5.能连续自抛自接球。

教育建议：

1.利用多种活动发展身体平衡和协调能力。如：

（1）走平衡木，或沿着地面直线、田埂行走。

（2）玩跳房子、踢毽子、蒙眼走路、踩小高跷等游戏活动。

2.发展幼儿动作的协调性和灵活性。如：

（1）鼓励幼儿进行跑跳、钻爬、攀登、投掷、拍球等活动。

（2）玩跳竹竿、滚铁环等传统体育游戏。

3.对于拍球、跳绳等技能性活动，不要过于要求数量，更不能机械训练。

4.结合活动内容对幼儿进行安全教育，注重在活动中培养幼儿的自我保护能力。

目标2：具有一定的力量和耐力。

4—5岁幼儿力量和耐力发展目标：

1.能双手抓杠悬空吊起15秒左右。

2. 能单手将沙包向前投掷4米左右。

3. 能单脚连续向前跳5米左右。

4. 能快跑20米左右。

5. 能行走1.5千米左右（途中可适当停歇）。

教育建议：

1. 开展丰富多样、适合幼儿年龄特点的各种身体活动，如走、跑、跳、攀、爬等，鼓励幼儿坚持下来，不怕累。

2. 日常生活中鼓励幼儿多走路、少坐车；自己上下楼梯、自己背包。

民间游戏学习与实践的多样化

游戏类型	组织形式	发展目标	教具、器材要求
语言游戏	集体进行和分组进行	1.发展幼儿语言能力； 2.能与同伴协作玩游戏，动作协调一致； 3.在活动中体验听说游戏活动的乐趣，能愉快地游戏	蒙眼布
益智游戏	小组进行、自由进行	1.培养目测力和判断力； 2.培养幼儿的反应能力和灵敏性； 3.乐意和同伴结对玩耍，体验民间游戏所带来的乐趣	呼啦圈、瓶盖子、表
体育游戏	分组进行、集体进行	1.训练幼儿动作的协调性，提高幼儿单脚站、爬、钻、跳的能力； 2.培养幼儿的毅力，发展幼儿的竞争意识； 3.在活动中获得愉快的体验	手绢、竹条、纸毽子、皮筋、粉笔

第二节　4—5岁幼儿动作发展的游戏

语言游戏：摸田螺

【设计思考】

田螺生活在水中，而人类想要获得它，必须下到水中去摸索，在摸田螺的过程中人的肉眼很难观察到水中的景象。在游戏中模仿摸田螺活动一边玩一边念儿歌，锻炼幼儿蒙眼走的能力，通过摸或听来判断对方是谁，在锻炼幼儿语言发展的同时提高幼儿听辨能力。

【活动目的】

1. 发展幼儿语言，提高幼儿的听辨能力。
2. 通过活动，培养幼儿协调、敏捷等身体素质。
3. 愉快地参加活动，体验"摸田螺"游戏的乐趣。
4. 培养观察和探索自然奥秘的兴趣与习惯。

【活动准备】

1. 大圆圈。
2. 蒙眼用的布条。
3. 独木桥2座、软垫2个。

【活动过程】

环节	活动内容安排	时间	形式
准备部分	1.热身操：教师带领幼儿排四纵队，带领幼儿做徒手操热身，为后面的活动做铺垫。 2.热身跑：幼儿排成一列纵队，由老师带领，沿着操场进行绕圈慢跑，有节奏地进行屈膝、摆胯等	3分钟	集体

环节	活动内容安排	时间	形式
学与练1	3.教师讲解： （1）向幼儿介绍游戏名称以及游戏玩法和安全注意事项。 （2）教幼儿念儿歌："摸，摸，摸田螺，摸得多，分给你一点，摸得少，你自己去摸……"	3分钟	集体与分组

环节	活动内容安排	时间	形式
学与练2	4.青蛙跳。 幼儿排成一队，教师示范青蛙跳法，幼儿围成圆圈，依次用进行式进行青蛙跳	3分钟	集体

环节	活动内容安排	时间	形式
学与练3	5.走过独木桥、翻过小山坡。 （1）幼儿分成两队，同时出发，站上桥，两手平稳打开，依次通过独木桥； （2）幼儿分成两队，同时出发，教师示范，幼儿依次翻过"山坡"	5分钟	自主与 集体

环节	活动内容安排	时间	形式
学与练4	6.摸田螺。 幼儿进入水中变成"田螺",选出一个"摸田螺"的人,摸到人后判断出对方是谁,判断对了交换角色,不对暂停一次游戏,重新选"摸田螺"的人	6分钟	集体

放松	7.教师带领幼儿进行肢体放松,放松时教师讲评活动中需注意的问题及安全事项。 8.教师进行讲评后,带领幼儿收拾器械离开场地	3分钟	集体

“摸田螺”游戏教学活动

语言教学
要素构成

基本动作　跑　爬　翻滚

身体素质　平衡　协调　速度

角色·情境　田螺　小溪

常规·品质　听信号　坚持不懈

教具准备　独木桥　软垫　蒙眼用布条

（设计指导：刘兰　执教：杨玲）

语言游戏：拍手游戏

【设计思考】

"拍手游戏"是一种语言类的民间游戏，玩游戏之前要先对儿歌能熟练地念出来，主要培养幼儿的语言发展能力，拍手游戏要求幼儿两两合作，这就要求幼儿的协作能力，也在动作协调上有所要求。因此，在培养幼儿语言能力的基础上，锻炼幼儿跑、跳、横向走的能力，培养幼儿对体验活动的兴趣。

【活动目的】

1.发展幼儿语言能力。培养孩子的注意力，锻炼肌肉的灵活性。

2.能与同伴协作玩游戏，动作协调一致。

3. 在活动中体验语言游戏的乐趣，能愉快地游戏。

4. 通过游戏，激发学生学习数学的兴趣，使学生体验前、后、左、右、上、下的意义。

【活动准备】

1. 活动音乐。

2. 皮球、塑料棒。

3. 圆圈。

【活动规则】

1. 该游戏儿歌是："拍手，拍右手；拍手，拍左手；拍手，拍手心；拍手，拍手背。"

2. 教师与孩子面对面，边念儿歌边拍手。

3. 拍手，拍右手：先自拍一下，然后教师伸右手，与孩子伸出的右手对拍。

4. 拍手，拍左手：方法同前，方向相反。

5. 拍手，拍手心，拍手背：先自拍一下，然后教师伸出双手与孩子伸出的双手手心对拍一下，手背对拍一下。

6. 加快拍手速度，提高游戏的熟练程度，直到不念儿歌也能快速做动作。

7. 游戏应尽量避免或少出失误，该游戏可持续三到五分钟。

【活动过程】

环节	活动内容安排	时间	形式
准备部分	1.热身操：幼儿排四纵队，教师带领幼儿做徒手操热身，为后面的活动做铺垫。 2.热身跑：幼儿排成一列纵队，教师带领幼儿沿着操场进行绕圈慢跑，并且有节奏地摆动手脚、屈膝、摆胯	3分钟	集体

环节	活动内容安排	时间	形式
学与练1	3.教师讲解： （1）向幼儿介绍游戏名称及玩法；跟随教师舞动节拍。 （2）教幼儿念儿歌："你拍一，我拍一……"	4分钟	集体

续 表

环节	活动内容安排	时间	形式
学与练2	4.运"西瓜"（皮球）。 （1）幼儿分出两人一组，背对背夹住"西瓜"，侧身向前走，到达终点后返回到原点； （2）幼儿两两合作，双手拿塑料棒运球，运至目的地，西瓜中途坠落，则失败；未掉则成功	4分钟	分组

环节	活动内容安排	时间	形式
学与练3	5.进行"拍手游戏"。 幼儿分出四纵队，1—2组，3—4组面对面站好，教师念口号，小朋友有序进行拍手游戏	6分钟	分组

环节	活动内容安排	时间	形式
学与练4	6.柔和的音乐响起，教师带领幼儿跳"荷叶"，幼儿跳入圈内进行单脚跳	4分钟	集体

放松	7.教师带领幼儿围成一个圈，跟随着音乐做律动放松，来回做两次。 8.教师进行讲评后，带领幼儿收拾器械有序离开场地	3分钟	集体

（设计指导：刘兰　执教：何雪琴）

益智游戏：猜拳游戏棋

【设计思考】

众所周知，棋类游戏对幼儿是一种益智活动，棋类对聪明智慧的形成有促进作用。研究证明，它有利于培养人们积极思维解决问题的能力、不懈探索创造的能力及勇敢承认困难失败的勇气，棋类游戏因比较符合幼儿具体形象的直观思维特点，而备受孩子们的喜爱。在幼儿学习阶段以棋类教育活动来充实幼儿学习生活，无疑能有效锻炼幼儿思维，有利于个性的塑造和美德的培养。

【活动目的】

1.熟悉游戏棋，学习游戏棋的玩法。

2.开发智力、发展个性和提高各种能力。

3.体验同伴结对玩耍的快乐。

【活动准备】

1.游戏棋盘。

2.3种不同颜色的游戏棋子（可用瓶盖、雪花片代替）。

【活动过程】

环节	活动内容安排	时间	形式
准备部分	1.准备环节： 教师带领幼儿到益智区玩游戏棋，告诉幼儿一个棋盘只能坐2—3个人。 师：小朋友们，今天我们来玩猜拳游戏棋，一个棋盘只能坐2—3个人哦，现在请小朋友找到跟自己下棋的同伴。 2.游戏：石头剪刀布（幼儿选择游戏棋颜色）。 （1）教师提问幼儿：小朋友们会玩石头剪刀布吗？我们来玩一下石头剪刀布的游戏好不好？ （2）教师请一位幼儿一同玩耍示范石头剪刀布。 师：现在老师邀请一位小朋友跟老师一起来玩石头剪刀布。 （3）幼儿玩石头剪刀布，按照赢的顺序依次选择自己喜欢的游戏棋颜色。 师：赢的一方先选择自己喜欢的游戏棋的颜色，输的一方后面选。如果是三个人一起玩，输了的两个人还需要再来一次石头剪刀布，决出胜负，按照赢的顺序依次选择自己喜欢的游戏棋颜色。 我们开始猜拳吧。现在请××先选择喜欢的棋子的颜色	5分钟	集体

环节	活动内容安排	时间	形式
学与练1	3.教师与幼儿玩游戏棋并讲解游戏规则： （1）请幼儿把各自选好颜色的棋子放在棋盘的起点。 （2）游戏：石头剪刀布，猜拳的胜出方将棋子向前走一步。 （3）先到达终点则获胜。 教师：棋子从起点出发，我们已经准备好自己的棋子了，现在我们就用猜拳的方式来决定谁的棋子往前走一步，谁赢了谁向前走一步，先到达终点则获胜	2分钟	集体与分组

环节	活动内容安排	时间	形式
学与练2	4.提醒幼儿游戏棋的规则： （1）能量补充站。 师：小朋友们要注意，棋盘两边的可乐饮品是能量补充站，要过去喝完它，补充体力，任意选择一边的可乐喝，喝完了回到中间位置等候出发。 （2）自由选择路线。 师：能量补充完了，小朋友们继续猜拳，赢的小朋友可以选择任意一条路线继续往终点走	3分钟	分组

环节	活动内容安排	时间	形式
学与练3	5.最先到达终点的为获胜方。 师：最先到达终点的小朋友就胜利啦，是第一名！ 6.幼儿观看教师讲解后开始玩游戏棋，游戏棋只能2—3个人同时玩。 师：现在请小朋友开始玩猜拳游戏棋。如果你在游戏过程中遇到困难，可以向老师寻求帮助	2分钟	自主与集体

学与练4	7.幼儿自由组合玩棋，教师轮流指导幼儿，其他幼儿由另一位老师带领先玩其他区域	17分钟	分组与集体

放松	8.幼儿结束游戏后教师进行小结	3分钟	集体

"猜拳游戏棋"游戏教学活动

跳　基本动作　跑

游戏操

身体素质

平衡　协调　动作

益智教学
要素构成

下棋人　角色·情境　棋子走廊

常规·品质

保持安静　耐心

教具准备

棋盘　棋子

（设计指导：刘兰　执教：江桂）

益智游戏：千千结

【设计思考】

千千结的游戏不需要任何道具，可以随时随地玩，简单方便，还可以训练小朋友的记忆力和分辨左右手的能力，增强幼儿解决问题的能力，知道团结的重要性。

【活动目的】

1. 提高幼儿身体动作的协调性与灵敏性。

2. 培养幼儿听口令玩游戏的规则意识。

3. 乐意与同伴结对玩耍，体验民间游戏所带来的乐趣。

【活动准备】

空旷的场地

【活动过程】

环节	活动内容安排	时间	形式
准备部分	1.组织幼儿排成4组做操的队形，复习一遍徒手操进行活动前准备运动（上肢运动—下蹲运动—扩胸运动—体转运动—腹背运动—脚部运动—跳跃运动—整理运动），每个肢体运动做两个八拍。 2.手指游戏巩固对左右手的分辨"我有一双小小手"：老师镜面示范，边念儿歌边做动作： 我有一双小小手（双手胸前击掌一次打开掌心向上），一只左来（伸左手，张开五指，手心向前，指尖向上）一只右（伸右手，张开五指，手心向前，指尖向上），左手是剪刀（左手比成横剪刀状），右手是石头（右手呈握拳状），剪刀石头布（伸出双手，张开五指，手心向前，指尖向上）；右手是剪刀（右手比成横剪刀状），左手是石头（左手呈握拳状），剪刀石头布（伸出双手，张开五指，手心向前，指尖向上），小小手，小小手（左右手向前握拳），都是我的好朋友（双手合掌，十指交叉）	10分钟	集体

续　表

环节	活动内容安排	时间	形式
学与练1	3.师讲解"千千结"游戏玩法：组织幼儿手拉手围成一圈，记住自己左右手拉的伙伴，听口令（哨声），松开手，随意散开，打乱原先的次序，当口令叫停时，全体站住。每个人要去寻找原来左右手牵住的伙伴，并和他（她）继续牵着手（注意：左右手不要弄反了）。如果距离太远，可以直线向中间靠拢，直到互相拉住手。幼儿会发现，所有人的手交错拉在一起，就像结成了"千千结"。现在，就要想尽一切办法，让这个结不松手也能解开，并能恢复原来的大圈的样子	5分钟	集体与分组

环节	活动内容安排	时间	形式
学与练2	4.请一小部分小朋友尝试玩一次，教师请小朋友认真观看示范的游戏，找出玩的过程中出现的问题，给予纠正。再一次把游戏规则进行讲解和示范，巩固小朋友对游戏规则的认识	5分钟	分组

环节	活动内容安排	时间	形式
学与练3	5.请全班小朋友分成两组，围成两个圆圈进行游戏，两位老师分组进行指导，提醒小朋友注意合作和谦让，发现出错的时候及时指点。多玩两遍熟悉游戏规则	10分钟	自主与集体

放松	6.放轻松的律动音乐，小朋友边律动边排队，总结游戏。 7.请小朋友排队回课室	3分钟	集体

"千千结"游戏教学活动

益智教学要素构成

基本动作：牵手 散开 跑

身体素质：速度 协调 灵敏

角色·情境：朋友 游戏

常规·品质：守规则 合作

教具准备：口哨 空地一块

（设计指导：刘兰　执教：刘映婷）

益智游戏：猜拳跳圈

【设计思考】

通过观察，幼儿对玩圈很感兴趣，为了让孩子们玩出新花样，孩子们通过一物多玩，培养幼儿的创造力和探索精神，发展幼儿身体的协调能力以及合作精神，同时"石头剪刀布"又是幼儿非常喜欢的一项游戏，让幼儿在自己喜欢的游戏中大胆尝试创新游戏，激发幼儿的探索欲望。"石头剪刀布"与呼啦圈的结合，形成一种更具有操作性、思考性、趣味性的游戏活动。充分发展了幼儿的身体协调能力。

【活动目的】

1. 练习幼儿高抬腿跳，培养手脚配合能力。
2. 练习立定跳远，培养目测力和判断力。
3. 培养幼儿的反应能力和灵敏性。
4. 体验同伴间协作玩耍的乐趣。

【活动准备】

1. 呼啦圈。
2. 宽敞的场地。
3. 音乐。

【游戏规则】

1. 每赢一次，只能跳一步。
2. 猜拳要同时，不可以故意拖延。不遵守规则的取消参加游戏资格。
3. 抛圈的距离应以自己能跳进去为准，跳不进去则犯规，回到原处。
4. 愿赌服输，不可以无理取闹。

【活动过程】

环节	活动内容安排	时间	形式
准备部分	1.准备运动：教师带领幼儿做准备运动活动身体，抖抖手脚活动踝关节，并在原地练习高抬腿跳。 2.热身跑：教师带领幼儿，在场地进行绕器材跑、双脚跳等练习。 3.跟随音乐进行游戏准备状态	4分钟	集体

学与练1	4.教师讲解游戏规则： （1）两人同时站在一端的起跑线上。游戏开始，两人划拳：石头、剪刀、布，赢者把圈抛出去，然后跳进圈。游戏反复进行，先到目标者为胜； （2）每赢一次，只能跳一步。抛圈的距离应以自己能跳进去为准，跳不进去则犯规，回到原处	4分钟	集体与分组

环节	活动内容安排	时间	形式
学与练2	5.教师示范： （1）引导幼儿仔细观察，自由讨论，鼓励幼儿说出"猜拳跳圈"的方法； （2）幼儿自主探究，并开始大胆尝试游戏，教师观察指导	4分钟	分组与集体

| 学与练3 | 6.自由探索游戏：
（1）幼儿两两结合游戏，听教师口令后开始游戏，先到达终点的小朋友为胜；
（2）胜者到达终点后返回，把呼啦圈交予下一位等待者，游戏循环进行 | 7分钟 | 自主与集体 |

环节	活动内容安排	时间	形式
学与练4	7.加深难度： （1）在两人游戏的基础上增加难度，增加至三人组合游戏，加大游戏活动的挑战性； （2）尝试在跳跃的时候转身，提高身体的协调能力和平衡能力	5分钟	分组与集体

放松	8.韵律放松：随着音乐《最美的光》教师带领幼儿做放松操。 9.教师小结后带领幼儿收拾器械离开场地	3分钟	集体

基本动作
跳
投
跑

身体素质
灵活
平衡
协调

益智教学
要素构成

角色·情境
追击者
练习场

常规·品质
守规则
合作

教具准备
音乐　呼啦圈　场地

（设计指导：刘兰　执教：胡静霞）

体育游戏：推小车

【设计思考】

"推小车"是一项传统的体育游戏，也是幼儿非常喜欢的一项体育游戏活动。"推小车"可以练习幼儿的手臂肌肉力量，提高幼儿全身的协调性；让幼儿喜欢与同伴玩游戏，体验合作游戏的快乐。

【活动目的】

1.掌握推车的方法，对民间体育游戏感兴趣。

2.练习幼儿的手臂肌肉力量，提高幼儿全身的协调性。

3.让幼儿喜欢与同伴玩游戏，体验合作游戏的快乐。

【活动准备】

1. 甜筒。

2. 空旷的场地。

3. 活动音乐。

4. 小推车。

5. 口哨。

【活动过程】

环节	活动内容安排	时间	形式
准备部分	1.热身运动。适当加入了一些模仿开车、推车的动作，这样不仅可以很快地将幼儿带入快乐的运动状态，也大大提高了幼儿参与活动的兴趣。 2.集中幼儿整理队形队列，将幼儿的队伍由四横队转变成一个大圆圈站好。通过导入谈话，让幼儿自由讨论探索如何推小车	3分钟	集体

学与练1	3.根据幼儿探索情况，老师在圆圈内请一名幼儿进来配合，边讲解边示范：前面的小朋友两手支撑地面，后面的小朋友抱起前面小朋友的双腿夹在腋下，前面的小朋友的双手学脚走路，与后面的小朋友同时向前进	4分钟	集体与分组

环节	活动内容安排	时间	形式
学与练2	4.两个人一组，甲扮演"小推车"，乙扮演"推车人"。游戏开始，甲趴于地，乙两手握甲脚踝，提起，此时甲用双手，乙用双脚，两个人协调前进	4分钟	分组

环节	活动内容安排	时间	形式
学与练3	5.交换位置继续游戏。甲扮演"推车"，乙扮演"小推车"。游戏开始，乙趴于地，甲两手握乙脚踝，提起，此时乙用双手，甲用双脚，两个人协调前进	8分钟	自主与集体

环节	活动内容安排	时间	形式
学与练4	6.教师总结部分孩子的动作和协调能力，再次讲解游戏的注意事项；自由组织两人一组：甲扮演"小推车"，乙扮演"推车人"。游戏开始，甲双手着地，乙两手握甲脚踝，提起，此时甲用双手爬行，乙做推车状，两个人协调前进	8分钟	分组与集体

放松	7.教师带领幼儿做"敲一敲"的游戏，随着音乐慢慢舒缓，进行"慢"动作的游戏； 8.教师总结小朋友的各个动作和协调能力，带领幼儿离开场地	2分钟	集体

"推小车"游戏教学活动

头部　腰部　韧带　基本动作

速度　力量　柔韧　身体素质

角色·情境　车子　人

常规·品质　听信号　不怕困难

体育教学要素构成

教具准备　小推车　音乐　甜筒　口哨　空地

（设计指导：刘兰　执教：谢丽）

体育游戏：冰块解冻

【设计思考】

以形象生动的冰块作为游戏的载体，让幼儿们在参与游戏中学会认真的倾听从而做出相应的动作，培养幼儿的反应能力和灵敏性。

【活动目的】

1. 培养幼儿的反应能力和灵敏性。

2. 培养幼儿的团队意识。

3. 在活动中收获友谊和快乐。

【活动准备】

宽阔的场地

【活动过程】

环节	活动内容安排	时间	形式
准备部分	1.热身运动。 2.徒手操	3分钟	集体

环节	活动内容安排	时间	形式
学与练1	3.分组和集体练习奔跑，学习如何正确奔跑和在奔跑中保护好自己	2分钟	集体与分组

续　表

环节	活动内容安排	时间	形式
学与练2	4."一人结冰"：当听到一人结冰口号时就迅速停住不动	5分钟	分组

环节	活动内容安排	时间	形式
学与练3	5.增加游戏难度：如果听到两人结冰时，幼儿要赶快找到一个朋友抱住不放，听到三人结冰时，要找到三个朋友。没停住和没找到的幼儿都算输	10分钟	自主与集体

环节	活动内容安排	时间	形式
学与练4	6.根据男孩女孩奔跑速度和能力的差异，男女分组进行游戏	5分钟	分组与集体

放松	7.伸展运动	5分钟	集体

（设计指导：刘兰　执教：杨丹琳）

体育游戏：骑竹马

【设计思考】

"骑竹马"是一个历史悠久又意味深远的民间游戏，其中的乐趣妙不可言，却离我们现代社会是那么遥远，现在的孩子很难体会到民间游戏的乐趣。"骑竹马"给无数人带来了童年的欢乐，留下了许多美好的回忆，"骑竹马"玩法简单、取材方便，随处可玩，既可以锻炼身体又可以培养幼儿活泼开朗的性格。民间游戏有着很大的教育作用，其对儿童各方面的发展影响是巨大的，作用是其他游戏无法代替的，于是，在这阳光灿烂的夏天里，我们的游戏活动就开始了……

【活动目的】

1. 学习民间游戏"骑竹马"，掌握双脚并拢跳的技能。

2. 自由探索小竹竿的多种玩法感受民间游戏的乐趣。

3. 培养幼儿喜欢参与民间游戏的兴趣和提高综合认识能力的发展。

【活动准备】

1. 宽阔的场地。

2. 小竹竿（可用PVC管代替）。

3. 活动音乐。

【活动过程】

环节	活动内容安排	时间	形式
准备部分	1.热身跑：将小竹竿放在地上，排成四排，教师带领幼儿围绕着器材（小竹竿）跑，多种形式的跑。 2.热身操：请幼儿双手拿好小竹竿，在教师的带领下一起做热身操。（上举下举、左右移动等）	4分钟	集体

环节	活动内容安排	时间	形式
学与练1	3.自由探索。 幼儿自由探索小竹竿的多种玩法，提问：小朋友你们在生活中见过小竹竿吗？小竹竿有什么作用呢？请小朋友思考一下。（晾衣服、做操、玩游戏）那小竹竿除了做些事情还能做什么呢？可以不可以和我们一起玩游戏呀？那可以怎样和小竹竿玩游戏呢？	5分钟	集体与分组

环节	活动内容安排	时间	形式
学与练2	4.讨论总结。 （1）请幼儿来当小老师讲述并且示范自己玩小竹竿的方法（滚动）； （2）教师根据幼儿的玩法进行总结和示范	5分钟	分组

续 表

环节	活动内容安排	时间	形式
学与练3	5.幼儿游戏"骑竹马"。 （1）教师讲解小竹竿还可以骑竹马，并且学习口语"小竹竿，当马骑，嘚儿——驾！出门去！" （2）介绍游戏玩法并示范：用双手握住竹竿的一端，然后把竹竿放在胯下当马，一条腿在前面，一条腿在后，做跑马步奔跑。 （3）幼儿边念口语边把小竹竿夹在两腿之间，喊"嘚儿——驾！"像骑马一样四散奔跑。教师提醒幼儿要注意安全	10分钟	自主与集体

环节	活动内容安排	时间	形式
学与练4	6.小结。 （1）表扬部分骑马又稳又快的幼儿； （2）结束部分：请幼儿拿好竹竿排队将竹竿给老师	3分钟	分组与集体

续 表

环节	活动内容安排	时间	形式
放松	7.放松活动：教师和幼儿一起随音乐做吸气呼气、上下肢放松等动作。 8.教师进行评价后，带领幼儿收拾器械离开场地	3分钟	集体

（设计指导：刘兰　执教：李媛）

体育游戏：踢纸毽

【设计思考】

本课在健康第一的指导下，根据幼儿的年龄特点和身心发展的特点，把民间体育项目踢毽子作为本课的主教材，在练习的过程中，通过幼儿自由讨论、自由探索，找到不同的玩法，充分发挥幼儿的主体作用，激发幼儿的学习兴趣，并在活动中注重培养幼儿的探索能力和互相合作的能力。在教学过程中，以开放式提问为主，帮助幼儿探索纸毽的玩法，鼓励孩子和同伴一起探索，一起研究，大胆发挥想象，把纸毽玩出花样。

【活动目的】

1. 通过游戏强化"踢"的动作。
2. 通过游戏发展幼儿下肢灵活性及协调能力。
3. 培养幼儿自由探索、互相合作、团结一致的精神。

【活动准备】

1. 宽阔的操场。
2. 系有长绳的纸毽。
3. 活动音乐。

【活动过程】

环节	活动内容安排	时间	形式
准备部分	1.热身跑：教师带领幼儿围绕着运动器材跑，如：绕桩跑、接力跑等。 2.热身操：教师带领幼儿拿着器材做热身操（上举下举、左右移动、拉伸等）	4分钟	集体

环节	活动内容安排	时间	形式
学与练1	3.自由探索：教师出示纸毽子，请幼儿摸一摸、看一看、玩一玩。 （幼儿自由交流讨论）有哪些方式可以玩？要怎么玩？	3分钟	集体与分组

环节	活动内容安排	时间	形式
学与练2	4.请幼儿找出多种玩毽子的方法。 师：现在老师看看谁最厉害，有特别多种方法可以玩毽子，请小朋友们自由发挥。 （幼儿自由展示）	3分钟	分组

环节	活动内容安排	时间	形式
学与练3	5.幼儿交流讨论。 有什么办法可以使毽子更稳定不会总是掉下去吗？（毽子上的小短绳就是办法，拎着小短绳踢就不容易掉下去了。）教师及时鼓励想出更多新奇玩法的幼儿并带领幼儿把能想到的玩法试玩儿一到两次	8分钟	自主与集体

续 表

环节	活动内容安排	时间	形式
学与练4	6.自主练习与游戏。 幼儿先自主练习踢纸毽，然后进行游戏看谁踢得多，幼儿按统一的口令开始踢，踢得多的为胜	8分钟	分组与集体

放松	7.放松活动：教师和幼儿一起随音乐做吸气呼气、上下肢放松等动作。 8.教师带领幼儿拿着毽子一边踢一边离开场地	4分钟	集体

（设计指导：刘兰　执教：朱月华）

体育游戏：斗鸡

【设计思考】

民间游戏不受时间和空间限制，随意性强，可以锻炼幼儿的体魄，奠定良好的体质基础，增强幼儿的规则性。"斗鸡"这个游戏，因为不需要器械，玩起来比较方便。通过"斗鸡"这个活动激发幼儿对民间游戏的兴趣，此活动主要是锻炼幼儿的平衡能力，幼儿平时也玩单脚跳，在此基础上进一步提高幼儿这方面的能力，幼儿通过游戏情境，通过膝盖的碰撞，提高了幼儿的感知能力，也增强了幼儿的竞争意识。

【活动目的】

1. 训练幼儿动作的协调性，提高幼儿单脚站立的能力。
2. 培养幼儿勇于竞争和坚持精神。
3. 在活动中获得愉快的体验。

【活动准备】

1. 平坦的场地。
2. 幼儿做单脚跳的练习。
3. 《小鸡小鸡》背景音乐。
4. 拉杆音箱一台。
5. 自制"鸡王"奖牌。

【活动过程】

环节	活动内容安排	时间	形式
准备部分	1. 进行热身运动。 2. 练习持续单脚站立。 3. 集体跟着圆圈进行单脚跳跃活动	3分钟	集体

环节	活动内容安排	时间	形式
学与练1	4.讲解游戏规则。"我们大家扮演小鸡,教师也来做小鸡,看我们怎么斗哦?"老师边说边示范扮演小鸡,把一只脚抬起来,用手抓住,然后一边跳一边用身体去碰撞另一只小鸡进行斗鸡,提出规则要点:在"斗鸡"的时候我们不能用手去推对方,谁的两只脚都踩到了地上那谁就输了,引导幼儿要注意安全。 5.请两位幼儿进行示范,幼儿观察	5分钟	集体与分组

学与练2	6.分小组依序进行"斗鸡"活动。 幼儿自主找一只"小鸡"进行游戏,引导幼儿可以多找几只"小鸡"进行"斗鸡"。 7.第一轮斗鸡游戏结束后进行小结,引出第二轮比赛。引导幼儿在规定的范围内自主游戏,脚离开规定范围的或两脚着地的则失败,失败者退出规定范围	5分钟	分组

续 表

环节	活动内容安排	时间	形式
学与练3	8.加深难度开始第三轮比赛。 分男女幼儿自主找伙伴进行"斗鸡"活动：引导幼儿在更小的圆圈范围内进行游戏，脚离开规定范围的或两脚着地的则失败，失败者退出规定范围	5分钟	自主与集体

环节	活动内容安排	时间	形式
学与练4	9.竞赛，每组选择一个胜利者进行最后的PK。引导幼儿在更小的圆圈范围内进行游戏，脚离开规定范围的或两脚着地的则失败，失败者退出规定范围，最后决出十只"小鸡"获得"鸡王"奖牌	5分钟	分组与集体

续 表

环节	活动内容安排	时间	形式
放松	10.放松运动，放松大腿小腿，一起总结成功的经验，分发奖牌	3分钟	集体

（设计指导：刘兰　执教：王玉婷）

116

体育游戏：老鹰捉小鸡

【设计思考】

幼儿活泼好动，特别喜欢体育游戏，而"老鹰捉小鸡"这个民间游戏简单有趣，幼儿在跑动和躲闪中既锻炼了身体，又提高了自身的灵敏性和协调性，非常适合中班好动的小朋友。

【活动目的】

1. 锻炼幼儿动作的灵敏性和反应能力，学会躲闪。
2. 乐于参与游戏、体验合作创编游戏的乐趣。
3. 在游戏中遵守规则，学会保护自己，有团结协作、努力拼搏的精神。

【活动准备】

1. 圈圈、海绵条。
2. 小鸡、鸡妈妈和老鹰的头饰。
3. 音乐《小鸡进行曲》。

【活动过程】

环节	活动内容安排	时间	形式
准备部分	1.热身操：播放音乐《小鸡进行曲》，幼儿跟随音乐和老师做热身运动（头部运动、扩胸运动、伸展运动、跳跃运动等）。 2.今天鸡妈妈、小鸡和老鹰要和我们一起玩"老鹰捉小鸡"的游戏，大家想玩吗？那我们就先了解一下"老鹰捉小鸡"的游戏规则和玩法	3分钟	集体

环节	活动内容安排	时间	形式
学与练1	3.第一次游戏：初次游戏，了解游戏玩法与规则。指导要点：引导幼儿了解游戏玩法与规则，懂得躲闪不被老鹰捉住。提醒幼儿抓紧前面小朋友的衣服不要掉队，不要互相推挤，懂得避让，不要被老鹰抓住，注意安全。评价重点：是否能初步按游戏规则进行游戏	4分钟	集体

环节	活动内容安排	时间	形式
学与练2	4.第二次游戏：幼儿自由分组玩游戏。 （1）指导要点：引导幼儿尝试自由组合进行游戏，可以小组、几个好朋友、一对一PK； （2）评价要点：是否自主地按游戏规则进行游戏。（注：教师提醒幼儿在游戏时要注意速度不要过快，防止跌倒）	5分钟	分组

环节	活动内容安排	时间	形式
学与练3	5.第三次游戏"安全屋"：尝试游戏新玩法，了解游戏新玩法与规则。指导重点： （1）了解游戏新玩法与规则，引导幼儿思考设置"安全屋"的作用：小鸡跑累了可以躲进"安全屋"不被老鹰捉住； （2）游戏时应该遵守游戏规则，不推不挤，注意安全	5分钟	自主与集体

环节	活动内容安排	时间	形式
学与练4	6.第四次游戏：幼儿自由探索新游戏"小鸡捉老鹰"。 （1）指导要点：引导幼儿尝试自主进行游戏； （2）评价要点：是否自主地按游戏规则进行游戏。（注：教师提醒幼儿在游戏时要注意速度不要过快，防止跌倒）	5分钟	自主与集体

| 放松 | 7.小结：今天鸡妈妈真勇敢，把鸡宝宝保护得很好，没有被老鹰捉住；小鸡们也表现得很棒，大家团结互助，学会了保护自己；我们的老鹰也不错，为了生活努力拼搏。
8.游戏结束：小鸡们，玩了那么久游戏，我们一起互相捶捶背、捏捏肩放松下，然后拍拍小翅膀和鸡妈妈回家了 | 3分钟 | 集体 |

（设计指导：刘兰　执教：陈艳玉）

课题游戏：跳皮筋

【设计思考】

幼儿对跳皮筋非常感兴趣，一边跳跃，一边念儿歌。这项活动既能发展幼儿双脚协调地跳，培养合作精神，体验合作游戏的快乐，又锻炼了孩子的语言表达能力。

【活动目的】

1. 掌握跳皮筋的方法，对民间体育游戏感兴趣。

2. 发展幼儿双脚协调地跳。

3. 通过幼儿自主活动，相互学习，培养合作精神，体验合作游戏的快乐。

【活动准备】

1. 3条3—5米的橡皮筋。

2. 口哨。

3. 宽阔的场地。

4. 活动音乐。

【活动过程】

环节	活动内容安排	时间	形式
准备部分	1.热身运动。适当加入一些开汽车的模仿动作，将幼儿很快地带入快乐运动状态，也大大提高了幼儿参与活动的兴趣。 2.热身结束后，组织幼儿进行队形队列练习，四路纵队变成一个大圆圈站好。通过导入谈话，让幼儿自由讨论探索如何跳皮筋	3分钟	集体

学与练1	3.教师组织幼儿以组为单位，三人为一组，两名幼儿扯皮筋，一名幼儿跳皮筋，幼儿双脚站在皮筋左侧，右腿迈入皮筋里左脚跟上，右脚在左脚之后向皮筋外侧点，接着右脚再收回，同时左脚跳出，右脚跟着跳出皮筋，教师巡回指导	4分钟	集体与分组

续 表

环节	活动内容安排	时间	形式
学与练2	4.教师组织幼儿总结刚刚三人跳的情况； 教师把跳皮筋的高度逐渐加高，以增加难度，幼儿可边念儿歌边跳皮筋，注意节奏	4分钟	分组

环节	活动内容安排	时间	形式
学与练3	5.教师示范教学四人跳皮筋； 四人一组，其中三人把橡皮筋套在各自的小腿处站成等边三角形，一人在中间跳。跳的方法可自选，可先用右脚腕儿勾住三角形的"一条边"，然后左脚跟进去，接着右脚跳出来，左脚跟着也跳出来。如此连续跳三次，"一条边"跳完后，小跑步到"第二条边""第三条边"上跳，方法同前。就这样顺着三角形跳，边跳边念儿歌，当跳念到"一百零一"时，与角上幼儿对换，换上的一名幼儿用同样的方法跳	4分钟	自主与集体

环节	活动内容安排	时间	形式
学与练4	6.教师强调注意事项： （1）在跳的过程中，如果被橡皮筋勾住脚脱不掉，就得停下换别人跳。 （2）必须按儿歌节奏，顺着三角形跳		分组与集体

环节	活动内容安排	时间	形式
放松	7.大家围成一个半圆一起站好，教师播放音乐，一起做放松的动作（捏一捏、甩一甩……） 8.教师进行本次活动小结，并讲述注意事项，再次强调。 9.带领幼儿离开场地。 听着优美放松的音乐，每个孩子模仿蝴蝶飞啊飞，慢慢地离开场地	3分钟	集体

（设计指导：刘兰 执教：钟兰兰）

第三节　4—5岁乐玩民间游戏阶段性成果展示活动方案

民间游戏是民族文化的重要组成部分，是值得提倡的一种阳光体育活动，充满着童趣和纯真。提起童真两个字，对我们印象最深的就是和小伙伴们在空气清新、阳光充足的环境下玩斗鸡、拍手游戏，玩跳皮筋、木头人、老鹰捉小鸡等这些充满童趣的游戏，回想我们当初在阳光底下与同伴们快乐地合作着玩各种有趣的民间游戏的情景，让我们充满了美好的回忆。随着社会的发展很多孩子都喜欢玩手机、电脑等各种高科技的电子设备，却忽略了我们对民间游戏的重视，使他们找不到那种分享的快乐和合作的意识。通过各种民间游戏活动，培养孩子参加体育活动的兴趣，鼓励孩子大胆尝试民间游戏的各种不同玩法。尽情享受游戏带来的无穷乐趣，体验着彼此间的信任，学习相互支持与鼓励。民间游戏传承传统的民族文化，在幼儿园组织与实施传统民间游戏，不仅培养了孩子的创造力、想象力、交往能力和良好的个性品质，还增强了幼儿的集体团结意识、协作能力和体能的锻炼。民间游戏与幼儿园教育教学的各个领域和幼儿的一日生活整合起来，实现了教师与幼儿、活动课程的共同发展、共同成长。

【活动总目标】

1. 游戏宗旨：通过进行客家民间游戏的活动，让幼儿得到身体的锻炼，同时获得游戏带来的快乐。在快乐的游戏中达到幼儿所需的运动量。

2. 益智类游戏：培养幼儿的反应能力和灵敏性，触觉以及简单的分析能力，遇到问题时学会去分析，去判断。让幼儿在游戏中学会主动思考，学会主动尝试解决问题。

3. 体育类游戏：提高幼儿钻、爬、跑、跳等的身体运动协调能力，训练幼儿手臂力量，能友好地与伙伴一起游戏，动作的合作协调能力，培养幼儿努力奋斗达到目标的竞争意识和机智灵活的良好品质以及参与活动的规则意识。体验和伙伴合作游戏带来的快乐。

4. 语言类游戏：通过参与朗朗上口有趣的客家童谣儿歌游戏训练幼儿反应能力和语言能力，让幼儿在活动中学会辨听，提高语言表达能力。

民间游戏开场活动（器械操）

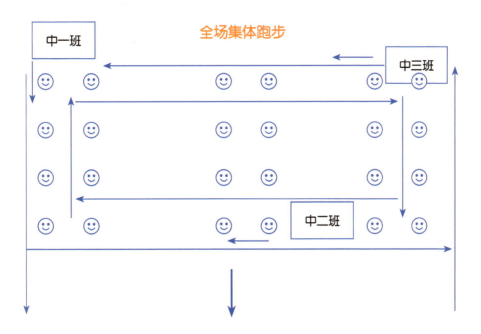

全场集体跑步

全场进行跳呼啦圈

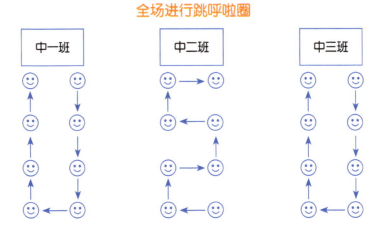

全场集体跑步

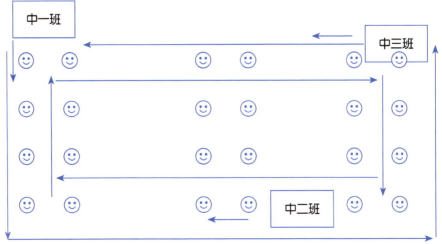

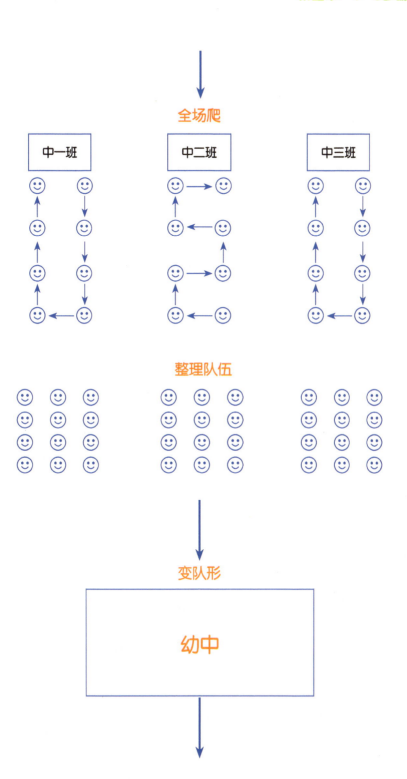

全场爬

| 中一班 | 中二班 | 中三班 |

整理队伍

变队形

幼中

整理队伍

☺ ☺ ☺　　☺ ☺ ☺　　☺ ☺ ☺
☺ ☺ ☺　　☺ ☺ ☺　　☺ ☺ ☺
☺ ☺ ☺　　☺ ☺ ☺　　☺ ☺ ☺
☺ ☺ ☺　　☺ ☺ ☺　　☺ ☺ ☺

课题成果展示：拍手游戏+木头人+丢手绢+斗鸡+跳房子+老鹰捉小鸡

【活动总宗旨】

民间游戏具有的丰富内容和特有的形式，有一定的思想性、教育性、多样性、趣味性、随机性和娱乐性，它可不受时间、空间、条件的限制，能随时随地拿来就玩。不仅符合孩子们好动、好学、好模仿、好游戏的心理特点，而且易学、易会、易传，还能促进孩子体、智、德、美诸方面的发展。幼教工作者要重视并充分地加以挖掘、开发和利用，让孩子们在民间游戏中愉快地成长，使他们的生活更加丰富多彩。

【活动总目标】

1. 在活动中的蹦、跳、跑等锻炼幼儿腿部力量，培养眼、脚的协调能力。

2. 锻炼幼儿的反应能力和语言表达能力，在游戏中感受同伴间玩耍的快乐。

3. 在活动中感受民间游戏带来的快乐，增加对客家文化的认同感和归属感。

游戏一：拍手游戏

【游戏目标】

发展与锻炼幼儿语言，培养幼儿协作游戏的能力。

【游戏玩法】

两名幼儿交叉拍手，做动作，念儿歌：

你拍一，我拍一，黄雀落在大门西。

你拍二，我拍二，黄雀落在树尖上。

你拍三，我拍三，三三见九九连环。

你拍四，我拍四，四个小孩写大字。

你拍五，我拍五，五个小孩画老虎。

你拍六，我拍六，六碗包子六碗肉。

你拍七，我拍七，七个小孩打野鸡。

你拍八，我拍八，八个小孩吹喇叭。

你拍九，我拍九，九只胳膊九只手。

你拍十，我拍十，庄稼老汉看粮食。

游戏二：木头人

【游戏目标】

初步培养幼儿的控制力和想象力，培养幼儿对民间游戏的兴趣。

【游戏玩法】

师幼一起念《木头人》的儿歌"山，山，山，山上有个木头人，不许说话不许动"。当念到最后一个字时，幼儿定住并做好造型。

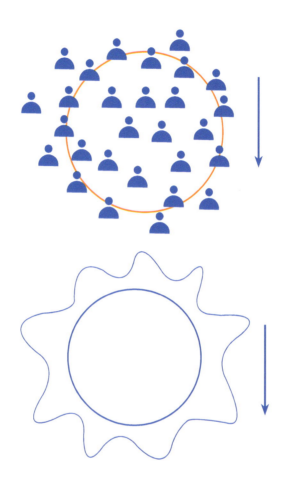

游戏三：丢手绢

【游戏目标】

1.锻炼幼儿灵敏性、快速反应能力及自控能力。

2.锻炼幼儿大肌肉群的发展。

3.学习遵守游戏规则。

【游戏玩法】

幼儿手拉手围成一个大圆圈，撒开手蹲下，选一个幼儿手持手绢。持手绢幼儿，沿顺时针或逆时针方向绕着小朋友走，圈上的幼儿一起唱《丢手绢》，唱的过程中被丢幼儿自己发现了手绢，就要拿起手绢，快速追逐丢手绢的幼儿，若追上就要请丢手绢幼儿表演节目，若追不上，两人交换角色，游戏重新开始。

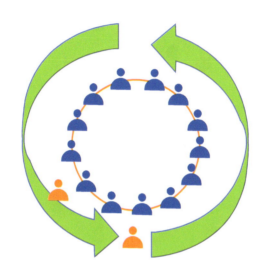

游戏四：斗 鸡

【游戏目标】

1. 训练幼儿动作的协调性，培养竞争意识。
2. 培养幼儿毅力，提高单脚站立的能力。

【游戏玩法】

全班幼儿围成一个圆圈走做小鸡的动作，听音乐，音乐变动围着圆圈单脚站立脚抬起，用手握住踝关节，音乐再变动男孩子单脚站立跳着进入圆圈，多方进行用膝盖互相撞或者用躲、闪等动作，使对方失去平衡双脚落地，即被淘汰出局回到圆圈的位置上，男孩子斗出"鸡王"后女孩子进入进行跟刚才一样的游戏（要求幼儿不能用手）。

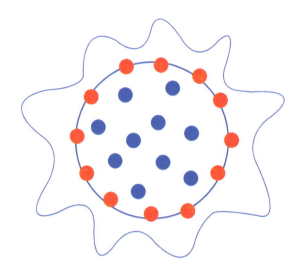

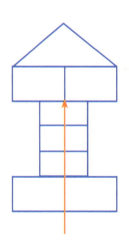

游戏五：跳房子

【游戏目标】

1.能轻松自然地双腿同时向前跳，发展跳跃能力，增强体质。

2.在游戏中锻炼了幼儿交往参与能力，使幼儿体验到游戏的乐趣。

【游戏玩法】

地上画有格子，幼儿看着格子图形双脚跳格，一个一个跳，跳的时候不能踩线。

游戏六：老鹰捉小鸡

【游戏目标】

1. 尝试闪躲的走和跑。
2. 感受多人合作游戏的乐趣。

【游戏玩法】

　　一人扮演"老鹰"，一人扮演"母鸡"，其余人数不定，扮作"小鸡"。"小鸡"在后面抓住"母鸡"的尾巴，形成一列纵队，"老鹰"要想办法抓住"母鸡"后面的"小鸡"，"母鸡"要想办法拦住"老鹰"，保护自己身后的"小鸡"，被"老鹰"抓住的"小鸡"就淘汰。

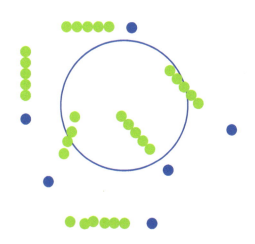

课题成果展示：拍手游戏+木头人+跳房子+老鹰捉小鸡+跳皮筋

【活动总宗旨】

民间游戏内容丰富，具有很强的思想性和教育性，其开展形式非常独特，具有多样性、趣味性、随机性和娱乐性等特点，它能随时随地拿来就玩，极少受到时间、空间及其他条件的限制。符合孩子们好玩、好动、好游戏的心理特点，能促进孩子体、智、德、美诸方面的发展。幼教工作者要重视并充分地加以挖掘、开发和利用，让孩子们在民间游戏中愉快地成长，使他们的生活更加丰富多彩。

【活动总目标】

1. 在活动中的蹦、跳、跑等锻炼幼儿腿部力量，培养眼、脚的协调能力。

2. 锻炼幼儿的反应能力和语言表达能力，在游戏中感受同伴间玩耍的快乐。

3. 在活动中感受民间游戏带来的快乐，增加对客家文化的认同感和归属感。

游戏一：拍手游戏

拍手歌

你拍一，我拍一，黄雀落在大门西。你拍二，我拍二，黄雀落在树尖上。
你拍三，我拍三，三三见九九连环。你拍四，我拍四，四个小孩写大字。
你拍五，我拍五，五个小孩画老虎。你拍六，我拍六，六碗包子六碗肉。
你拍七，我拍七，七个小孩打野鸡。你拍八，我拍八，八个小孩吹喇叭。
你拍九，我拍九，九只胳膊九只手。你拍十，我拍十，庄稼老汉看粮食。

【队形排列】

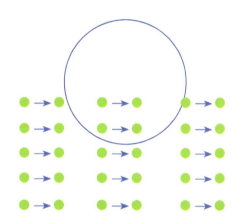

幼儿排成六纵队，面对面进行第一个游戏：拍手游戏

游戏二：木头人

【游戏目标】

初步培养幼儿的控制力和想象力，培养幼儿对民间游戏的兴趣。

【游戏玩法】

师幼一起念《木头人》的儿歌："山，山，山，山上有个木头人，不许说话不许动。"当念到最后一个字时，幼儿定住并做好造型。

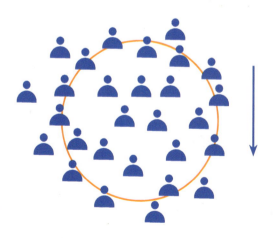

游戏三：跳房子

【游戏目标】

1.能轻松自然地双腿同时向前跳，发展跳跃能力，增强体质。

2.在游戏中锻炼了幼儿交往参与能力，使幼儿体验到游戏的乐趣。

【游戏玩法】

地上画有格子，幼儿看着格子图形双脚跳格，一个一个跳，跳的时候不能踩线。

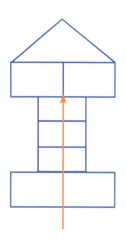

游戏四：老鹰捉小鸡

【游戏目标】

1.在游戏中练习闪躲的走和跑。

2.感受多人合作游戏的乐趣。

【游戏玩法】

一人扮演"老鹰"，一人扮演"母鸡"，其余人数不定，扮作"小鸡"。

"小鸡"在后面抓住"母鸡"的尾巴，形成一列纵队，"老鹰"要想办法抓住"母鸡"后面的"小鸡"，"母鸡"要想办法拦住"老鹰"，保护自己身后的"小鸡"，被"老鹰"抓住的"小鸡"就淘汰。

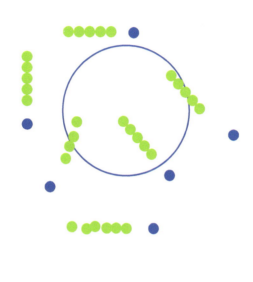

游戏五：跳皮筋

"跳皮筋"是民间游戏之一，但是由于现在孩子们对民间游戏不太了解，没有真正的玩起来，感受到其中的乐趣。我们想通过开展民间游戏，让孩子了解民间游戏，在幼儿自主探究的过程中，发现多种方式进行跳皮筋，通过"跳"既发展了孩子们的平衡协调能力，体验集体游戏中的乐趣，使幼儿在游戏中加强体育锻炼，增强体质。所以我们设计了这个游戏用于孩子们的户外活动。

【活动目标】

1. 鼓励幼儿积极思考跳皮筋的方法，与伙伴相互学习，发现和掌握双脚并拢跳，踩、跨、勾等多种方式。

2. 激发幼儿对民间体育游戏的兴趣，体验同伴间合作游戏的快乐。

3. 体验游戏带来的快乐。

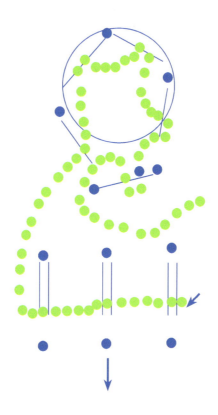

课题成果展示：跳房子+木头人+丢手绢+斗鸡+老鹰捉小鸡

【游戏总宗旨】

在客家民间游戏的活动中，锻炼幼儿的身体，体验游戏的快乐。在快乐的游戏中达到幼儿所需的运动量。

1. 在活动中的蹦、跳、跑等锻炼幼儿腿部力量，培养眼、脚的协调能力。

2. 锻炼幼儿的反应能力和语言表达能力，在游戏中感受同伴间玩耍的快乐。

3. 在活动中感受民间游戏带来的快乐，增加对客家文化的认同感和归属感。

游戏一：跳房子

【游戏目标】

锻炼腿部大肌肉力量，练习双腿并拢跳感受游戏的快乐。

【游戏玩法】

依序排队有规则进行单双脚交替跳房子游戏。

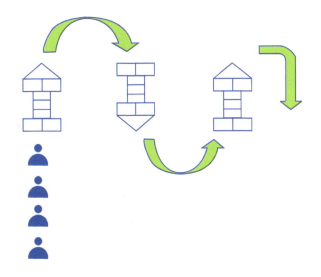

游戏二：木头人

【游戏目标】

初步培养幼儿的控制力和想象力，培养幼儿对民间游戏的兴趣。

【游戏玩法】

师幼一起念《木头人》的儿歌："山，山，山，山上有个木头人，不许说话不许动。"当念到最后一个字时，幼儿定住并做好造型。

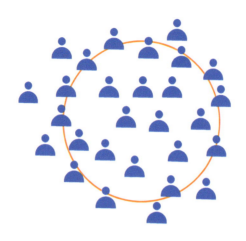

游戏三：丢手绢

【游戏目标】

1. 锻炼幼儿灵敏性、快速反应能力及自控能力。
2. 锻炼幼儿大肌肉群的发展。
3. 学习遵守游戏规则。

【游戏玩法】

幼儿手拉手围成一个大圆圈，撒开手蹲下，选一个幼儿手持手绢。持手绢幼儿，沿顺时针或逆时针方向绕着小朋友走，圈上的幼儿一起唱《丢手绢》，唱的过程中被丢幼儿自己发现了手绢，就要拿起手绢，快速追逐丢手绢的幼儿，若追上就要请丢手绢幼儿表演节目，若追不上，两人交换角色，游戏重新开始。

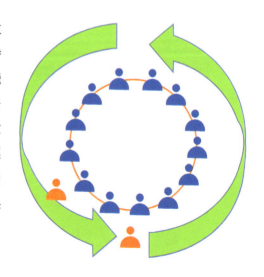

游戏四：斗 鸡

【游戏目标】

1. 训练幼儿动作的协调性，培养竞争意识。
2. 培养幼儿毅力，提高单脚站立的能力。

【游戏玩法】

全班幼儿围成一个圆圈走做小鸡的动作，听音乐，音乐变动围着圆圈单脚站立脚抬起，用手握住踝关节，音乐再变动男孩子单脚站立跳着进入圆圈，多方进行用膝盖互相撞或者用躲、闪等动作，使对方失去平衡双脚落地，即被淘汰出局回到圆圈的位置上，男孩子斗出"鸡王"后女孩子进入进行跟刚才一样的游戏（要求幼儿不能用手）。

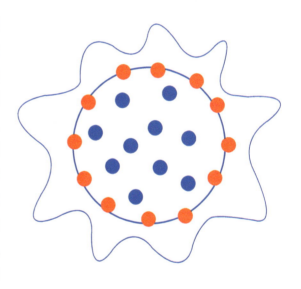

游戏五：老鹰捉小鸡

【游戏目标】

1. 尝试闪躲的走和跑。
2. 感受多人合作游戏的乐趣。

【游戏玩法】

一人扮演"老鹰",一人扮演"母鸡",其余人数不定,扮作"小鸡"。"小鸡"在后面抓住"母鸡"的尾巴,形成一列纵队,"老鹰"要想办法抓住"母鸡"后面的"小鸡","母鸡"要想办法拦住"老鹰",保护自己身后的"小鸡",被"老鹰"抓住的"小鸡"就淘汰。

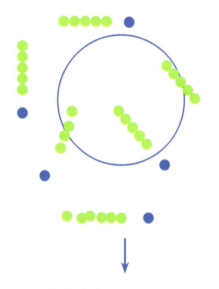

游戏结束后整理放松运动

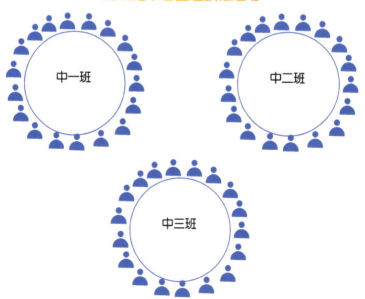

中一班

中二班

中三班

第四章

5—6岁幼儿阶段

第一节 5—6岁幼儿动作发展的目标 与教育建议

《3—6岁儿童学习与发展指南》中指出对5—6岁幼儿动作发展的要求：

目标1：具有一定的平衡能力，动作协调、灵敏。

5—6岁幼儿动作发展目标：

1. 能在斜坡、荡桥和有一定间隔的物体上较平稳地行走。

2. 能以手脚并用的方式安全地爬攀登架、网等。

3. 能连续跳绳。

4. 能躲避他人滚过来的球或扔过来的沙包。

5. 能连续拍球。

教育建议：

1. 利用多种活动发展身体平衡和协调能力。如：

（1）走平衡木，或沿着地面直线、田埂行走。

（2）玩跳房子、踢毽子、蒙眼走路、踩小高跷等游戏活动。

2. 发展幼儿动作的协调性和灵活性。如：

（1）鼓励幼儿进行跑跳、钻爬、攀登、投掷、拍球等活动。

（2）玩跳竹竿、滚铁环等传统体育游戏。

3. 对于拍球、跳绳等技能性活动，不要过于要求数量，更不能机械训练。

4. 结合活动内容对幼儿进行安全教育，注重在活动中培养幼儿的自我保护能力。

目标2：具有一定的力量和耐力。

5—6岁幼儿力量和耐力发展目标：

1. 能双手抓杠悬空吊起20秒左右。

2. 能单手将沙包向前投掷5米左右。

3. 能单脚连续向前跳8米左右。

4. 能快跑25米左右。

5. 能行走1.5公里左右（途中可适当停歇）。

教育建议：

1. 开展丰富多样、适合幼儿年龄特点的各种身体活动，如走、跑、跳、攀、爬等，鼓励幼儿坚持下来，不怕累。

2. 日常生活中鼓励幼儿多走路、少坐车；自己上下楼梯、自己背包。

民间游戏学习与实践的多样化

游戏类型	组织形式	发展目标	教具、器材要求
语言游戏	集体、分组、分组与集体、自主与集体	1.培养幼儿的反应能力和语言表达能力。 2.训练群体合作和组织能力，促进四肢活动的配合和发展。 3.产生对听说游戏活动的兴趣，并积极参与游戏	宽阔的场地、各种蔬菜图片、锅和盖图片、活动音乐
益智游戏	集体、分组、自主、分组与集体、自主与集体	1.学习按规则合作游戏，喜欢参加游戏。 2.锻炼幼儿的思维、观察能力和手臂肌肉的活动能力。 3.乐意和同伴结对玩耍，体验民间游戏所带来的乐趣	每人五个小沙包、文化长廊、版图九方格、分色棋子各六个、活动音乐、纸球若干、计分卡片人手一张、80厘米打结细绳若干、场地不限、游戏棋盘、不同颜色的棋子若干、小泡沫球
体育游戏	集体、分组、分组与集体、自主与集体	1.学会游戏的玩法。 2.发展幼儿弹跳力，增强平衡能力。 3.喜欢参与体育游戏，遵守游戏规则，体验民间游戏带来的快乐	长50厘米左右的直杆人手一根、宽阔的户外场地、活动音乐、每个幼儿一副铁环、沙包若干、每人一个键子、跳房子的格子、沙包若干、小篮球若干、绳子若干

第二节　5—6岁幼儿动作发展的游戏

语言游戏：顶锅盖

【设计思考】

　　边念儿歌边游戏的形式能激发大班的学习兴趣，此游戏的关键在于合作的人数可以灵活组合，此游戏既能让幼儿积累菜肴的名称，锻炼幼儿的语言表达能力，又能提高幼儿的反应能力，产生对听说游戏活动的兴趣。此游戏要让幼儿明确锅盖只要一人担任，顶锅盖的人数可以不限。可能出现的情况是锅盖把顶的人的手指攥紧不放或不回答"烧的什么菜？"而导致游戏停顿，教师应注意观察幼儿合作游戏的情况，及时给予帮助和指导，以发展幼儿相关能力。

【活动目的】

　　1.学习发准"盖、怪、菜"等容易混淆的字音。

　　2.探索游戏玩法，能根据自己的生活经验，说出各种菜肴的名称。

　　3.产生对听说游戏活动的兴趣，并积极参与游戏。

【教学重点】

　　发准"盖、怪、菜"等读音和说出菜肴名称。

【活动准备】

　　1.活动音乐。

　　2.各种蔬菜的图片。

3. 锅和盖图片。

4. 户外场地。

【活动过程】

环节	活动内容安排	时间	形式
准备部分	1.情景表演，我是小小厨师。 让个别幼儿上来演示炒菜。 2.引导幼儿认识厨房炒菜工具：锅和盖	4分钟	自主与集体

学与练1	3.引导幼儿认识常见的各种蔬菜，如白菜、油麦菜、西红柿、西兰花、萝卜、土豆等。 你吃过什么菜？最喜欢吃什么菜？是用什么做的？ 4.引导幼儿学习儿歌。 "顶锅盖，油炒菜，辣椒辣了不要怪，呼——一口风；呼——两口风；呼——三口风。" 教师带领幼儿念游戏儿歌，练习发准"盖、怪、菜"等字音	6分钟	自主与集体

环节	活动内容安排	时间	形式
学与练2	5.探索游戏玩法： （1）儿歌里面讲了什么？怎样用我们的手来玩"顶锅盖"的游戏呢？ （2）请一名幼儿做顶锅盖动作，启发幼儿用手当锅盖。请若干幼儿用食指顶手掌心	5分钟	分组与集体

环节	活动内容安排	时间	形式
学与练3	6.教师介绍游戏玩法： （1）请出一名幼儿当锅盖（手掌打开），其他幼儿必须边念儿歌边用食指顶着手掌锅盖； （2）儿歌念完，锅盖才能去抓住顶着锅盖的食指，同时，食指要赶紧缩回，不让锅盖抓住； （3）若被锅盖抓住了，就要问："炒的什么菜"，被抓住的幼儿必须说出一道菜名，方能与锅盖交换角色，然后游戏继续进行	5分钟	分组与集体

环节	活动内容安排	时间	形式
学与练3	7.教师组织幼儿游戏，对出现的问题给予帮助和指导： （1）选出一幼儿为"锅盖"； （2）念儿歌时发准："盖、怪、菜"等字音； （3）产生对听说游戏活动的兴趣，并积极参与游戏。	7分钟	分组与集体

环节	活动内容安排	时间	形式
放松	8.放松结束活动： （1）老师小结，今天的游戏好不好玩？谁被锅盖抓住了？能不能说出菜名？ （2）教师带领幼儿玩手指游戏	3分钟	集体

"顶锅盖"游戏教学活动

语言教学
要素构成

诵念 抓 躲闪 — 基本动作

敏捷 速度 音准 — 身体素质

厨师 游戏 — 角色·情境

规则 集中 — 常规·品质

教具准备

蔬菜图片 锅盖图片 场地 音乐

（设计指导：刘兰 执教：曾雪琴）

益智游戏：六子棋

【设计思考】

棋是幼儿生活中常见的事物，公园里、树荫下、小街边……经常可以看到一群群棋迷的身影，孩子们的好奇心往往被此吸引。在幼儿园学习生活中以棋类游戏来充实幼儿学习生活，培养幼儿对棋类游戏的兴趣，引导幼儿学习探索各种棋类游戏的玩法，能有效锻炼幼儿思维，培养幼儿观察、思考的习惯与能力，更重要的是能培养幼儿与同伴之间的交往能力。在幼儿园大班，有些孩子已经开始对棋类游戏产生了兴趣。因此设计本节活动"六子棋"。

【活动目的】

1. 掌握六子棋的游戏玩法。
2. 锻炼幼儿的思维、观察能力和手臂肌肉的活动能力。
3. 乐意和同伴结对玩耍，体验民间游戏所带来的乐趣。

【活动准备】

1. 版图九方格。
2. 分色棋子各六个。
3. 活动音乐。

【活动过程】

环节	活动内容安排	时间	形式
准备部分	1.教师故事导入，激发兴趣。 六子王国发生了战争，有两支军队抢夺领土，因此发生了激烈的对抗，一支是红色棋军，一支是蓝色棋军，我们一起来看看他们是如何获得胜利的。 2.教师介绍六子棋盘及游戏的玩法和规则。 （1）介绍棋盘和棋子； （2）教师演示棋盘和走的路线，棋子只可上下左右平行移动，不可斜线或跨点移动，一次只能走一格； （3）分析棋子的攻破方法，行棋一方若将两颗棋子移至一起，且一头挨着对方的一颗棋时，则可吃对方棋子。最后棋子剩下多的一方为胜	5分钟	集体

153

环节	活动内容安排	时间	形式
学与练1	3.幼儿练习摆放棋子	2分钟	集体

学与练2	4.幼儿两人一组，自由探索玩法，教师巡回指导	7分钟	分组

学与练3	5.活动小结：攻击或者防守时，不仅要看到棋盘上已有的棋子，还要在脑中浮现出攻击或防守过程中棋盘上会出现的棋子，而且必须要考虑到双方的棋子。 6.幼儿再次尝试	9分钟	集体与分组

续　表

环节	活动内容安排	时间	形式
学与练4	7.游戏后分享交流，展示推理过程	5分钟	分组与集体

放松	8.收拾整理	2分钟	集体

（设计指导：刘兰　执教：肖玛雅）

益智游戏：挑花绳

【设计意图】

"挑花绳"是我国一种传统的民间游戏，这种游戏可以一人玩，也可以两人或多人一起玩，只需要一根线，便可以挑出各种生动有趣的图案。这种随时随地都可玩的游戏可让幼儿兴趣盎然地玩在其中、学在其中、乐在其中。"挑花绳"游戏取材非常简单，买东西时的包装绳、废弃的鞋带、闲置的绳子等都是很好的素材，这也体现了低碳环保的理念。于是我们将这种民间游戏引入幼儿园，通过游戏既可提高幼儿的动手能力，又能培养他们的合作意识，最终生成了本次游戏活动"挑花绳"。

【活动目的】

1.熟悉"挑花绳"的游戏规则，能顺利进行"挑花绳"的游戏。

2.提高合作能力，增强自信心。

3.提高手部小肌肉的灵活性和手眼协调能力，激发幼儿动手的兴趣。

【活动准备】

若干根80cm打结细绳，场地不限。

【操作要点】

1.明确"挑花绳"的常用方法和不同种类。

2.记住每一种类挑绳游戏暗藏的逻辑顺序。

3.游戏中要与同伴默契地配合交流。

【活动过程】

环节	活动内容安排	时间	形式
准备部分	1.教师示范：先打个小巧的结，环绕于单手或双手，然后撑开，准备动作就做好了，翻花绳分单人和双人两种。 2.单人的玩法：将绳圈套在双手上，用双手手指或缠或绕或穿或挑，经过翻转将线绳在手指间绷出各种花样来。 3.双人的玩法：一人以手指将绳圈编成一种花样，另一人用手指接过来，翻成不同的花样，相互交替，直到一方不能再翻下去为止	5分钟	集体

环节	活动内容安排	时间	形式
学与练1	4.师幼共同讨论挑花绳的规则： （1）两两找朋友，面对面坐着，安静地挑。 （2）如果挑错花线了或不会挑，可以请小朋友和老师帮忙或者重新开始。	7分钟	集体

学与练2	5.两人一起进行游戏，一人先把线圈拉套在两只手上，用手指穿拉出一个花样，对方绾赶到自己手上，形成一种新的图案，对方再绾赶，自然又成一种形式，如此反复绾赶。有上翻，有下翻和左右翻。绾赶有样式走向，而且讲究先后顺序，章法规矩。心灵手巧者能绾赶出簸箕、筷子、斗、花面旗、长条旗、斜面、方块、雨伞等花样	5分钟	自主

环节	活动内容安排	时间	形式
学与练3	6.让小朋友们自由选择搭档，两两合作，一起挑花绳。老师观察每小组的活动，对遇到困难的小朋友进行指导，并与小朋友合作挑花绳	5分钟	自主与集体

环节	活动内容安排	时间	形式
学与练4	7.相互评价，评选挑花绳能手	3分钟	集体

环节	活动内容安排	时间	形式
放松	8.整理花绳。 9.老师启发小朋友们，放学回去可以和爸爸、妈妈一起玩这个游戏，学习更多花样，重要的是挑花绳的材料可以自己动脑筋，自己找到哦！	5分钟	集体

"挑花绳"游戏教学活动

益智教学要素构成

基本动作：挑 勾 翻
身体素质：巧手 健脑 启智
角色·情境：巧手 室内
常规·品质：准守纪律 自信
教具准备：花绳

（设计指导：刘兰　执教：何慧娟）

益智游戏：丢沙包

【设计思考】

这个游戏的道具十分简单，仅仅需要七八个或者更多数量的小沙包就可以了。游戏的窍门是丢小沙包时就要讲究布局，不能撒得太散也不能太密，非常考验孩子们的反应能力和手脑协调能力。

【活动目的】

1. 训练幼儿手部肌肉的灵活性及手眼协调性。
2. 训练幼儿动作的准确性和目测力。

【活动准备】

1. 每人三个小沙包。
2. 活动大厅。
3. 桌子。

【活动过程】

环节	活动内容安排	时间	形式
准备部分	1.教师带领幼儿进行手指游戏，集中孩子注意力，进行手指游戏"五只猴子荡秋千"	3分钟	集体

环节	活动内容安排	时间	形式
学与练1	2.幼儿自由探索"丢沙包"的游戏玩法。 教师引出活动主题，引导幼儿自主探索游戏玩法	5分钟	集体与自主

学与练2	3.幼儿分组进行尝试游戏"丢沙包"。 （1）分组，幼儿自行探究游戏的玩法； （2）教师进行观察	5分钟	分组

环节	活动内容安排	时间	形式
学与练3	4.教师示范"丢沙包"游戏，讲述玩法与规则： （1）教师示范游戏； （2）教师讲述游戏玩法及规则	7分钟	分组

学与练4	5.幼儿分组进行游戏，教师巡回指导	7分钟	分组与集体

续　表

环节	活动内容安排	时间	形式
放松	6.教师引导幼儿说出感受并进行总结。 （1）教师鼓励幼儿大胆说出自己玩游戏的心得； （2）总结活动	5分钟	集体

"丢沙包"游戏教学活动

益智教学要素构成

基本动作：抛　接　捏

身体素质：准确　速度　目测

角色·情境：结伴　游戏

常规·品质：规则　集中

教具准备：沙包　桌子　活动大厅

（设计指导：刘兰　执教：饶春红）

益智游戏：石头剪刀布

【设计思考】

这个游戏的道具十分简单，仅需要一些卡片和宽阔的场地便可以。民间游戏"石头剪刀布"对于孩子们来说，是一个非常熟悉的、简单又有趣的游戏。它既能较好地满足幼儿好玩、好动、好模仿的心理特点，又能有效地促进孩子健康快乐地成长。在玩石头剪刀布游戏的时候，首先要有口令"石头剪刀布"，其次是要有相应的动作，两个人一起说完口令后要同时出动作。知道"石头能敲碎剪刀，剪刀能剪掉布，布能包住石头"。

【活动目的】

1. 理解游戏角色之间的游戏关系和游戏规则，并尝试与同伴共同设计游戏。

2. 感受与同伴共同游戏的快乐。

【活动准备】

1. 每人6张游戏卡。

2. "石头剪刀布"关系图。

【活动过程】

环节	活动内容安排	时间	形式
准备部分	1.教师带领幼儿念儿歌。 （1）集中孩子注意力，引导幼儿玩手指游戏； （2）带领幼儿学习儿歌《石头剪子布》。 2.幼儿了解、学习"石头剪子布"的手指游戏。 （1）教师引出活动主题，引导幼儿了解游戏玩法； 师：孩子们，你们会玩"石头剪刀布"的游戏吗？是怎么玩的？ 在玩"石头剪刀布"游戏的时候，首先要有口令"石头剪刀布"，其次是要有相应的动作，两个人一起说完口令后要同时出动作。 （2）引导幼儿玩手指"石头剪子布"的游戏	5分钟	集体

环节	活动内容安排	时间	形式
学与练1	3.理解游戏中的关系和规则。 民间游戏："石头剪子布"。 （1）集体游戏"石头剪子布"：你们想玩吗？请你和身边的好朋友玩一玩。 （2）师：谁愿意来表演一下你们是怎么玩的？ (请两个幼儿演示"石头剪子布"的游戏。) a.他们谁赢了？为什么？ b.出示关系图：看，它们之间有什么关系？（重点分析关系图） c.小结：原来石头能敲碎剪刀，剪刀能剪掉布，布能包住石头，真有趣	5分钟	集体

环节	活动内容安排	时间	形式

学与练2	4.幼儿分组进行尝试游戏"石头剪刀布"。 （1）分组，幼儿自行练习游戏的玩法； （2）教师巡视观察指导	5分钟	个体和 小组

学与练3	5.教师示范讲解"石头剪刀布"游戏玩法与规则。 （1）教师示范游戏； （2）教师讲解游戏玩法及规则。"石头能敲碎剪刀，剪刀能剪掉布，布能包住石头"，赢了的可以获得对方的一张游戏卡	7分钟	分组

环节	活动内容安排	时间	形式

学与练4	6.体验游戏的快乐。 幼儿自由组合，进行游戏，教师巡回指导	7分钟	分组与 集体

放松	7.教师带领幼儿玩"快乐的小袋鼠"放松运动。 （1）模仿小袋鼠走路； （2）幼儿自由组合，学袋鼠跳	7分钟	分组与 集体

续表

环节	活动内容安排	时间	形式

"石头剪刀布"游戏教学活动

益智教学要素构成

基本动作　摊掌　握拳

身体素质　敏捷　力量　协调

角色·情境

常规·品质　遵守规则　集中注意力

教具准备　游戏卡　户外场地　"石头剪刀布"关系图

（设计指导：刘兰　执教：邹丹霞）

益智游戏：球儿靠边

【设计思考】

丰富多彩的游戏不仅可以促进幼儿身心健康发展，而且能增长幼儿的知识，发展智力，同时也给我们带来了许多童年的欢乐。"球儿靠边"这个民间游戏的规则不同于以往的诸多游戏，要求幼儿要控制好自己的手部力量，尽量用地面滚球的方式让纸球往墙角边靠近才能够胜出，可以很好地锻炼幼儿的手脚协调性，学会控制力度。

【活动目的】

锻炼幼儿的感官知觉，能按照一定的距离调整自己的投掷力度，控制好纸球滚动停下时尽量靠近指定的参照目标。

探索多种控制投掷的玩法，提高幼儿对投掷力量的控制能力。

乐意参与竞技游戏，并懂得按照一定的游戏规则进行游戏，努力让自己在比赛中获取胜利。

【活动准备】

1. 报纸做成的直径15—20cm的纸球人手一个。

2. 热身操音乐。

3. 平坦宽阔的场地。

【活动过程】

环节	活动内容安排	时间	形式
准备部分	1.教师带领幼儿进行热身运动： （1）头部、肩部、腰部、膝盖、脚腕儿等； （2）配乐热身操	3分钟	集体

环节	活动内容安排	时间	形式
学与练1	2.幼儿自由探索将纸球向前投掷的游戏玩法。 （1）鼓励幼儿自主探索投掷方法； （2）请个别幼儿示范讲解自己的投掷方法与感受	5分钟	集体与自主

环节	活动内容安排	时间	形式
学与练2	3.了解"球儿靠边"游戏规则：站在规定的线外，将纸球朝着指定的目标（花池矮墙）投掷，投掷方式可以用滚、抛、投等多种方法，待纸球完全停下来，越靠近指定目标越优秀	7分钟	分组

| 学与练3 | 4.幼儿自由进行练习，教师巡回指导，与幼儿共同讨论如何控制手部力量的问题。
小结：控制好手部的力量，力量太小了离指定目标还太远，力量太大了纸球会反弹回来，离指定目标也会很远，只有控制好力量才能让纸球靠近目标 | 5分钟 | 分组 |

续 表

环节	活动内容安排	时间	形式
学与练4	5.幼儿自由进行练习： （1）幼儿自由组合，与同伴比一比，看看谁能将纸球投出并尽量接近指定的目标。 （2）鼓励幼儿自己制定奖励方式，奖励在小组游戏中获胜的小朋友。 总结：用滚、抛、投等多种方法，将纸球朝着指定的目标投掷，当纸球完全停下来时，要让纸球尽量靠近指定的目标，小组讨论出比赛规则后要坚决执行，不要害怕失败，应该不断总结方法，让自己不断进步，直至获取最后的胜利	7分钟	分组与集体

放松	6.带领幼儿做拉伸放松运动。 播放音乐，教师带领幼儿分散在场地四周，一同做肩部、腰腹、膝盖、双脚等部位的放松运动	3分钟	集体

（设计指导：刘兰　执教：刘芳）

体育游戏：滚铁环

【设计思考】

　　本节课我所选用的教材就是幼儿非常喜欢，乐于参与的我国的民间传统体育项目——滚铁环。活动中力求尊重幼儿的主体地位和个体差异，为每一位幼儿提供有利于学习的机会，引导幼儿在练习中积极探究和体验，为幼儿营造一个快乐健康的课堂教学氛围，使幼儿能力得到发展，从而"滚"出快乐，"滚"出健康，"滚"出趣味。主要是锻炼幼儿的身体素质，培养在练习过程中相互学习、相互鼓励的进取精神和大胆尝试的勇气。从而进一步在游戏活动中增强幼儿的应变和灵活技巧。

【活动目的】

1. 了解滚铁环的动作要领及注意事项，了解滚铁环的游戏方法。

2. 培养幼儿动作的协调性，通过游戏掌握一些基本技能——直行、拐弯等。

3. 培养在练习过程中相互学习、相互鼓励的进取精神。

【活动准备】

1. 每个幼儿一副铁环。

2. 宽阔的户外场地。

3. 呼啦圈。

【活动过程】

环节	活动内容安排	时间	形式
准备部分	1.幼儿进行热身跑。 （1）模仿小司机：双手握住呼啦圈当小司机开着汽车直线行驶； （2）双手握住呼啦圈当小司机开着汽车转弯往回行驶。 2.小司机开车：使呼啦圈在地上滚动起来	5分钟	集体

环节	活动内容安排	时间	形式
学与练1	3.导入：介绍器材、揭题。 （1）师：小朋友们知道这是什么器材吗？在生活中有没有见过或者玩过这个体育游戏？使用这两种器材来进行的体育游戏叫作滚铁环。 （2）教师示范	3分钟	集体

学与练2	4.请幼儿做小司机尝试滚铁环，使小汽车开起来。 老师请小朋友试试在规定区域内自由感受滚铁环，并想想怎样才能使铁环滚起来	5分钟	自主

环节	活动内容安排	时间	形式
学与练3	5.小朋友谈感受，教师归纳动作要点并示范。 师：谁能说说，你是怎样让铁环滚起来的？你有什么困难？怎样让铁环滚动的时间更长一些呢？现在请小朋友看看老师是怎样使它滚起来的。 （1）左手持铁环，右手持铁钩； （2）左手向前方滚动铁环，尽量使铁环垂直于地面滚动； （3）右手顺势用铁钩推动铁环前进。 师：你们了解了吗？这些就是直线滚铁环的动作要领	6分钟	集体

环节	活动内容安排	时间	形式
学与练4	6.幼儿再次分组练习，教师巡回指导。 （1）小司机们直线行驶。 （2）小司机们学会拐弯。注意拐弯时放慢速度。 （3）培养小司机在练习过程中相互学习、相互鼓励的进取精神和大胆尝试的勇气	8分钟	分组与集体

环节	活动内容安排	时间	形式
放松	7.小司机们放松活动："去郊游。" 8.引导幼儿整理好器材离开场地	3分钟	集体

"滚铁环"游戏教学活动

基本动作：推、走、跑

身体素质：敏捷、协调、力量

角色·情境：小司机、开车

常规·品质：规则遵守、学习相互

体育教学要素构成

教具准备：铁环、场地、呼啦圈

（设计指导：刘兰　执教：谢丽）

体育游戏：三人跳绳

【设计思考】

为了丰富孩子们的体育游戏，发扬我国传统的民间体育游戏，发展孩子的动作，我特意选择了"跳绳"活动，把跳绳和音乐结合在一起，根据孩子们动作发展情况，跳绳能锻炼、增强体质、提高免疫力、预防感冒等，是一种很好的锻炼方式，深得孩子们的喜爱，希望在游戏中，孩子们在身体动作、想象力和创造力及合作意识方面都能有不同程度的提高与发展。

【活动目的】

1. 学会几种三人跳绳和多人跳绳的方法。
2. 锻炼幼儿发展灵敏、协调、弹跳，培养团结合作的优良品质。
3. 感受跳绳的乐趣和与他人合作带来的快乐。

【活动准备】

1. 录音机。
2. 磁带。
3. 一根绳子。

【活动过程】

环节	活动内容安排	时间	形式
准备部分	1.幼儿听《兔子舞》的音乐做热身运动。 2.听老师口令练习跳跃及上肢运动。 师问："还可以怎么跳？"引导幼儿向前跳、向后跳、向上跳、蹲跳、向左跳、向右跳、单（双）脚跳。 3.上肢运动：绕绕臂，绕绕臂。幼儿跟着老师绕绕臂。 师问："还可以怎样绕"引导幼儿向前绕、向后绕、单（双）手绕、举起手臂绕等，发展幼儿动作的灵活性	7分钟	集体

学与练1	4.引导幼儿探索跳绳的多种玩法。 （1）教师示范单人双脚跳。 （2）教师组织幼儿自由结对，幼儿三人一组，用双脚跳绳，其他人跟着节奏数数。看一看谁跳得多	8分钟	集体与分组

环节	活动内容安排	时间	形式
学与练2	5.双人双脚跳。 （1）教师示范讲解双人双脚跳绳的正确动作及方法。 两人一根绳子，幼儿面对面同时双脚一起跳，跳得多者为胜	5分钟	分组

学与练3	6.幼儿自由结伴2人、3人或多人合作探索跳绳的玩法。 教师：小朋友我们要互相合作，探索跳绳。 规则：长绳一根，两名幼儿在两头摇动绳子，其他幼儿2—3人一起跳。看谁跳得多，多者为胜	5分钟	自主与集体

环节	活动内容安排	时间	形式
学与练4	7.请幼儿相互交流合作玩游戏的方法。 （1）小朋友们请你们自己自由组合交流玩出新的玩法来。 （2）教师巡回指导幼儿	3分钟	分组与集体

| 放松 | 8.放松整理：随着音乐做"骑马"的动作。
师：小朋友们我们骑着马准备回家喽！看看大一班的骑马动作好神气呢！
9.活动延伸：小朋友你们累吗？我们在跳皮筋游戏中因为大家坚持不懈地努力让我们玩得非常开心，坚持本身就是毅力的挑战，所以，无论做什么事情都要像跳绳一样学会挑战，迎接挑战，让我们每个小朋友越来越自信。小朋友们回家后可以与爸爸妈妈及小伙伴做跳绳的游戏 | 5分钟 | 集体 |

"三人跳绳"游戏教学活动

体育教学要素构成

基本动作：跳跃 绕臂 蹲跳

身体素质：灵敏 协调 弹跳

角色·情境

常规·品质：遵守规则 团结

教具准备：磁带 跳绳 录音机

（设计指导：刘兰　执教：钟兰兰）

体育游戏：地雷爆炸

【设计思考】

民间游戏有着取之不尽，用之不竭的教育资源。"地雷爆炸"是我们小时候经常玩的一个游戏，该游戏玩法简单有趣，它不需要任何器械，也不受场地的限制，幼儿玩起来比较方便，而且能发展幼儿的动作灵活性、快跑能力和弹跳能力。孩子们百玩不厌。通过幼儿一系列的探究、交流活动，使民间游戏的玩法得以有意义的拓展，赋予民间游戏更丰富的教育内涵。

【活动目的】

1.锻炼幼儿的动作灵活性和敏捷性，发展快速反应及快跑能力。

2. 锻炼幼儿四散跑的能力及合作意识。

3. 能遵守游戏规则，感受集体游戏带来的快乐。

【教学重点】

提高幼儿的奔跑能力、遵守规则的能力。

【活动准备】

1. 一块足够大的场地。

2. 音乐MP3。

【活动过程】

环节	活动内容安排	时间	形式
准备部分	1.准备活动（动作自编）。 （1）教师喊口令带领幼儿活动身体各部位（头部运动—上肢运动—下肢运动—体侧运动—体转运动—下蹲运动—跳跃运动—整理运动）； （2）教师带领幼儿进行热身跑； （3）教师带领幼儿进行大"S"形跑、小"S"形跑、斜线跑（变速跑）	5分钟	集体

环节	活动内容安排	时间	形式
学与练1	2.幼儿自由探索活动。 （1）幼儿自由探索玩"地雷爆炸"游戏； （2）邀请幼儿分享想到的"地雷爆炸"玩法； （3）请幼儿与伙伴一起玩共同想到的玩法	3分钟	集体

环节	活动内容安排	时间	形式
学与练2	3.明确幼儿角色（选出追逐者）。 教师带领幼儿玩猜拳游戏（石头、剪刀、布）。 猜拳失败成为追逐者，胜利的为逃跑者	4分钟	分组

环节	活动内容安排	时间	形式
学与练3	4.教师讲解并示范游戏玩法。 （1）教师："玩这个"地雷爆炸"游戏前先用猜拳决出一个为追逐者，其余幼儿为逃跑者。（猜拳游戏：石头、剪刀、布） （2）逃跑者可以四散跑，但有一定的指定范围，追逐者只要能捉到一个就算胜利。 （3）逃跑者保护自己的方法就是快被捉住时，可以立即蹲下说"地雷"，追逐者就必须停止追他，另找目标追逐。而"地雷"只能原地不动地蹲着，等其他人来拍一下，并喊"爆炸"，才被解救，继续做逃跑者。被捉住者成为第二轮游戏的追逐者	8分钟	分组与集体

环节	活动内容安排	时间	形式
学与练4	5.教师组织幼儿玩"地雷爆炸"游戏。 （1）选出追逐者； （2）指定游戏活动范围； （3）遵守游戏规则、体验合作游戏带来的快乐	7分钟	分组与集体

续 表

环节	活动内容安排	时间	形式
放松	6.教师带领幼儿做放松运动。 （1）教师带领幼儿做"小飞机"； （2）教师带领幼儿进行放松操活动	3分钟	集体

"地雷爆炸" 游戏教学活动

体育教学
要素构成

基本动作
抬 蹲 跑

身体素质
灵敏 速度 协调

角色·情境
奔跑 追逐

常规·品质
规则 活泼

教具准备
场地 音乐、MP3

（设计指导：刘兰 执教：陈薇）

体育游戏：踢鸡毛毽

【设计思考】

"踢毽子"具有浓厚的趣味性和娱乐性。能使得儿童在自发的状况下乐于游戏，让他们玩中有乐，乐中有学，玩中有得，玩中有创，有助于幼儿在体能、感知、语言、社会性等方面的发展。"踢毽子"不论大小都可以玩，年龄小的幼儿在毽子上系一根绳子，用手拎着踢；年龄大的幼儿则可以直接踢，还能踢出许多花样来。踢毽子有很强的随机性，它不受人数、年龄、场地和时间的局限，不论何时何地，只要想做游戏，愿意玩，幼儿就可以在走廊或活动室的一角、花园及家里进行，只要有空间就能自由地玩耍。

【活动目的】

1. 初步学习用脚连续踢毽子。在踢毽子过程中锻炼幼儿手、眼、脚的协调能力。

2. 喜欢参与体育游戏，遵守游戏规则，体验民间游戏带来的快乐。

【活动准备】

每人一个毽子

【活动过程】

环节	活动内容安排	时间	形式
准备部分	1.教师带领幼儿进行热身运动。 （1）伸展运动、原地抬步、压腿、压腰、跳跃运动等； （2）热身操。 师：小朋友们，我们一起来玩游戏吧！在玩游戏之前，我们先来做热身运动，让我们的身体做好玩游戏的准备吧！	3分钟	集体

| 学与练1 | 2.请幼儿尝试、探索用多种方法玩踢毽子的游戏。
（1）引导幼儿单人单脚自主探索游戏玩法。
师：今天老师带来一种漂亮的毽子，特别好玩，小朋友们想不想试试看？
（2）教师根据幼儿踢毽子的情况作小结 | 5分钟 | 集体与自主 |

环节	活动内容安排	时间	形式
学与练2	3.幼儿自由练习踢毽子，熟悉游戏玩法。 （1）幼儿单独自主地练习踢毽子的游戏，教师巡回指导。 （2）请个别幼儿进行演示踢毽子的游戏。	7分钟	个别与集体

环节	活动内容安排	时间	形式
学与练3	4.多人合作游戏："传递踢毽子。" （1）教师组织幼儿进行分组围成圆圈玩传递踢毽子的游戏。 师：小朋友们，我们一起围成一个大圆圈，来玩"传递踢毽子"的游戏吧！ （2）幼儿自主游戏，教师进行巡视指导	5分钟	分组

环节	活动内容安排	时间	形式
学与练4	5.幼儿分组并以竞赛形式进行游戏。 将幼儿分成两组派出代表进行比赛。 师：小朋友们，刚刚我们练习了几种不同的踢毽子方法，我们现在来比一比哪个小朋友比较厉害，踢得最棒吧！	5分钟	分组与集体

环节	活动内容安排	时间	形式
放松	6.教师带领幼儿玩"送毽子回家"的游戏。 游戏规则：过独木桥（头顶毽子沿着点点走）。 师：小朋友们，刚刚毽子陪我们一起玩了这么久，我们把它送回家吧！ 总结活动，然后依次离开场地	3分钟	集体

"踢鸡毛毽" 游戏教学活动

体育教学
要素构成

基本动作　跳　踢　定

身体素质　敏捷　协调　力量

角色·情境

常规·品质　规则　遵守　学习　相互

教具准备　毽子　场地

（设计指导：刘兰　执教：刘嘉慧）

体育游戏：坐轿

【设计思考】

坐轿，也叫抬花轿，是中国民间传统的体育游戏之一，趣味性、娱乐性极强，深受广大儿童的喜爱。游戏通过手臂的握、托、举，让幼儿手臂得到锻炼，活动中也培养了幼儿的合作精神。

【活动目的】

1.通过活动锻炼幼儿手臂力量，培养幼儿的合作精神。

2.喜欢参与体育游戏，自觉遵守游戏规则，体验民间游戏带来的快乐。

【活动准备】

宽阔的场地

【游戏玩法】

三人一组，两人抬轿一人坐轿。抬轿的两人各自把左手掌握在右手腕上，然后互相把右手握在对方左手腕上，形成一"井"字形。坐轿者双脚各插进抬轿者双手形成的环圈中，坐在手掌形成的"井"字上。玩时各组侧向疾跑，快者为胜。

【活动过程】

环节	活动内容安排	时间	形式
准备部分	1.教师带领幼儿进行热身运动。 （1）带领幼儿做热身操； （2）学习儿歌，激发幼儿参与活动的兴趣。 "八只小狗抬花轿，老虎坐轿把扇摇。 一只小狗摔一跤，老虎狠狠踢一脚。 小狗疼得汪汪叫，老虎却在睡大觉。 轿子抬到半山腰，想个办法真正好。 一二三，向上抛，老虎跌个大老跤， 一二三，向上抛，老虎跌个大老跤"	5分钟	集体

环节	活动内容安排	时间	形式
学与练1	2.引导幼儿学习用手搭轿的一些基本动作。 （1）引导幼儿学习手的基本动作。（左手握住右手）； （2）用右手抓握对方的左手，形成"井"字格； （3）幼儿自由练习用手搭轿，教师指导	5分钟	小组与集体

学与练2	3.幼儿自由练习搭轿子，熟悉游戏玩法。 （1）三人一组，其中两人用左手握住右手，然后用右手抓握对方的左手，形成"井"字格，蹲下。教师巡回指导。 （2）另一幼儿将双脚伸进两人用手臂搭成的"8"形环中，将手搭在两人肩上。两幼儿起立，将中间的幼儿抬至指定地点，交换角色	7分钟	小组

续　表

环节	活动内容安排	时间	形式
学与练3	4.三人自由合作游戏："坐轿"。 （1）教师组织幼儿自由组合，三人合作玩坐轿的游戏； （2）分组练习，教师指导评价	3分钟	分组

环节	活动内容安排	时间	形式
学与练4	5.幼儿以竞赛形式进行游戏。 要求：动作到位，同伴合作配合，速度要快。 幼儿分组进行比赛，同一起点，听教师口令同时出发，先到终点的一组为胜。 6.情景游戏扮演：小狗抬花轿。 分组扮演角色，角色扮演增加游戏的趣味性	5分钟	分组与集体

环节	活动内容安排	时间	形式
放松	7.教师带领幼儿玩"风和大树"放松运动 （1）小树长高了，变成大树； （2）大树遇到小风、大风、龙卷风； （3）风停了，大树躺着休息	3分钟	集体

（设计指导：刘兰　执教：韩丹霞）

体育游戏：跳格子

【设计思考】

跳格子，也叫跳飞机、跳房子，是一种世界性的儿童游戏，也是中国民间传统的体育游戏之一，趣味性、娱乐性极强，曾深受广大儿童的喜爱。游戏通过练习单脚跳、踢等动作，发展幼儿跳跃和平衡能力。

【活动目的】

1. 练习单双脚交替跳、投等动作，发展幼儿跳跃、投掷和平衡能力。
2. 喜欢参与体育游戏，遵守游戏规则，体验民间游戏带来的快乐。

【活动准备】

1. 跳格子的格子、沙包若干。
2. 活动音乐。

【活动过程】

环节	活动内容安排	时间	形式
准备部分	1.教师带领幼儿进行肢体热身运动。 （1）原地抬步、压腿、压腰； （2）热身操	3分钟	集体

环节	活动内容安排	时间	形式
学与练1	2.请幼儿观察地上的格子，并通过自由跳房子，感受跳房子的乐趣。 （1）引导幼儿自主探索游戏玩法； （2）教师根据幼儿自由跳房子的情况作小结	5分钟	集体与自主

环节	活动内容安排	时间	形式
学与练2	3.巩固单脚跳，奠定游戏基础。 （1）幼儿自主游戏； （2）教师巡回指导	7分钟	分组

环节	活动内容安排	时间	形式
学与练3	4.出示沙包，学习合作游戏："跳房子"。 （1）教师进行游戏的示范并进行注意事项的讲解； （2）幼儿自主游戏，教师进行指导	5分钟	分组

环节	活动内容安排	时间	形式
学与练4	5.幼儿分组并以竞赛形式进行游戏。 将幼儿分成两组进行比赛	5分钟	分组与集体

环节	活动内容安排	时间	形式
放松	6.教师带领幼儿拉伸放松运动并总结。 （1）听音乐，教师带领分散在场地上的幼儿做肩膀、腰腹、膝盖、双脚等部位的放松活动； （2）总结活动，然后依次离开场地	3分钟	集体

跳格子游戏教学活动

体育教学要素构成

基本动作：跳跃　踢　立定

身体素质：控制　平衡　敏捷

角色·情境：飞机　穿越

常规·品质：规则（遵守）　注意（集中）

教具准备：沙包　格子　音乐

（设计指导：刘兰　执教：肖春梅）

体育游戏：编花篮

【设计思考】

《幼儿园教育指导纲要（试行）》健康领域中指出，幼儿园要"开展丰富多彩的户外游戏和体育活动，培养幼儿参加体育活动的兴趣和习惯，增强体质，提高对环境的适应能力""在体育活动中，培养幼儿坚强、勇敢不怕困难的意志品质和主动、乐观、合作的态度"。根据大班年龄特点开展户外体育活动"编花篮"，目的不仅仅是增强幼儿的体质，更大的价值在于通过体育锻炼，发展幼儿各方面的能力（动作发展、合作能力等），促进其身心和谐发展。

【活动目的】

1. 通过游戏增强幼儿的腿部力量、平衡动作协调能力。

2. 掌握3—5人用腿互相连贯地搭在一起围成圆圈，并在地上一边念儿歌一边转着圆圈跳的技巧。

3. 让幼儿在游戏中体验快乐，培养幼儿互相合作、团结友爱的精神。

【活动准备】

1. 儿歌《编花篮》。

2. 宽阔的场地。

【活动过程】

环节	活动内容安排	时间	形式
准备部分	1.教师带领幼儿进行热身运动：头部、肩部、腰部、膝盖、脚腕儿等。 2.学习儿歌《编花篮》："编—编—编花篮，花篮里面有小孩，小孩名字叫花篮，蹲下起来，坐下起来，三五六，三五七，三八三九四十一……"直至念到一百一	5分钟	集体

学与练1	3.练习单脚跳： （1）原地单脚跳，并鼓励幼儿用一只手抓住同一侧的一只脚向前跳，掌握保持平衡的技巧。 （2）教师提出要求：3—5个小朋友围成一个圈，尝试着把脚都搭在一起编成一个花篮，并围着圆圈跳起来。幼儿自由探索"编花篮"的游戏玩法	5分钟	集体与分组

续 表

环节	活动内容安排	时间	形式
学与练2	4.教师指导幼儿玩"编花篮"游戏。 3—5人手拉手围成一个圆圈，然后第一个小朋友转身，将脚勾搭在对面拉手幼儿的手上，第二个小朋友转身将脚勾搭到第一个小朋友的膝盖弯处，以此类推，直到最后一名小朋友勾好脚，再将第一位小朋友的脚勾回最后一名小朋友的膝盖弯处，以此围成一个"花篮"	5分钟	分组

环节	活动内容安排	时间	形式
学与练3	5.幼儿分组进行自由练习	5分钟	自主与集体

续　表

环节	活动内容安排	时间	形式
学与练4	6.幼儿自由组合，一边按节奏念《编花篮》儿歌一边进行游戏，老师巡回指导发现问题，指导幼儿正确地勾搭腿，让同伴间在玩游戏的过程中更协调、更舒适	5分钟	分组与集体

| 放松 | 7.教师带领幼儿拉伸放松运动并总结。
（1）听音乐，教师带领幼儿分散在场地上做肩膀、腰腹、膝盖、双脚等部位的放松活动。
（2）总结：说说自己对"编花篮"游戏的看法，或游戏建议，然后依次离开场地 | 5分钟 | 集体 |

"编花篮"游戏教学活动

体育教学要素构成

基本动作　跳　跑　走

身体素质　平衡　力量　协调

角色·情境

常规·品质　规则　合作

教具准备　场地

（设计指导：刘兰　执教：刘芳）

第三节　5—6岁乐玩民间游戏阶段性成果展示活动方案

健康发展《幼儿园工作规程》中指出："游戏是对幼儿进行全面发展教育的重要形式，应根据幼儿的年龄特点选择和指导游戏，应因地制宜地为幼儿创设游戏条件……促进幼儿能力和个性的全面发展。"具有中国传统文化底蕴的民间体育游戏，蕴含着中国人民的智慧，融合了中华民族特有的民族气质和文化素养，是幼儿最喜爱的游戏活动之一。它伴随着孩子们童年快乐的时光，对促进幼儿的身心发展有着不可低估的作用。民间体育游戏作为一项极好项目，不仅对幼儿的健康发展有积极的促进作用，而且对整个人生的发展都有积极的作用。将民间体育游戏灵活地贯穿在幼儿的一日活动中，充分发挥民间体育游戏的作用，让幼儿在民间体育游戏中健康快乐地成长。

【活动目标】

1. 练习双脚向前行进跳，发展幼儿的下肢力量和跳跃能力，提高弹跳能力和身体的协调能力。

2. 训练幼儿动作的协调性，培养竞争意识。

3. 发展幼儿快速奔跑能力、锻炼幼儿动作的灵活性，能做出快速反应，使幼儿机智、灵活。

4. 培养幼儿毅力，提高单脚站立的能力，并遵守游戏规则。

5. 乐意和同伴玩耍，体验民间游戏所带来的快乐。

【活动过程】

1. 全体幼儿听音乐拿棍棒做韵律活动：《万能工匠棍棒操》。

2. 棍棒互动游戏：火车钻山洞、划船、双脚跳、爬、绕障碍走"S"形。

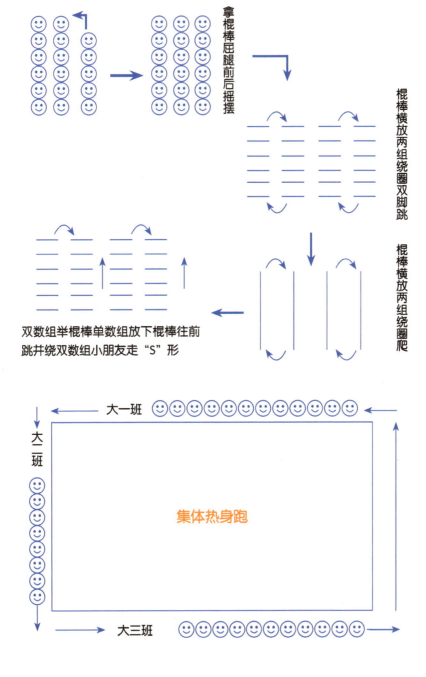

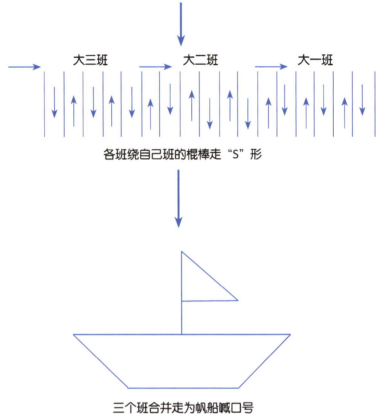

各班绕自己班的棍棒走"S"形

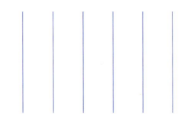

三个班合并走为帆船喊口号

大一班课题游戏方案

一、拍手游戏

全班分成六小队，第1队和第2队、第3队和第4队、第5队和第6队各一组，两两面对面，听到老师指令后边听音乐边开始玩拍手游戏。

二、丢手绢

听到音乐由六小队走成一个大圆，根据教师的指令立定蹲下开始游戏，由教师指定一个小朋友作为第一个丢手绢的人，拿着手绢围圈走，小朋友们蹲在圈上边拍手边唱歌，若有被捉到的小朋友进大圆等待。

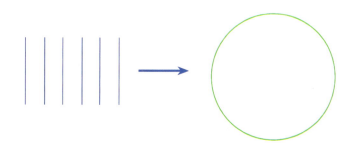

三、老鹰抓小鸡

根据音乐进行队形变换，由原来的一个大圆变成六个小队，哨声响起幼儿马上分好角色进行游戏，四处散开玩到音乐结束，最后看输赢。

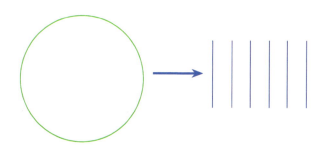

四、斗鸡

当音乐响起时，全班小朋友跟着老师做韵律由六小队走成一个大圆，听到指令由小队长带队向中间集中形成六路开花，接着走成六个小圆，最后走成一个大圆。听到哨声女孩子进入圈内进行"斗鸡"，男孩子站圈上拍手，哨声再次响起时男孩子女孩子互换角色，直到音乐结束。

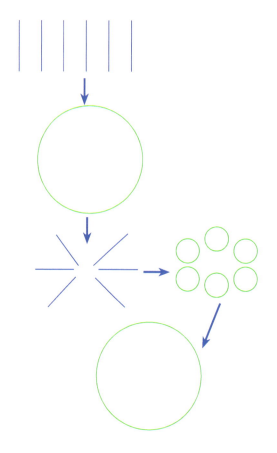

五、推小车

听到哨声，队形由一个大圆变成内外两个圆，女孩子在内圆，男孩子在外圆，听哨声找好伙伴，听音乐由第一个小朋友扮小车，第二个小朋友做推车手，顺时针转起来，听到哨声，换角色逆时针转起来。音乐响起开始游戏。

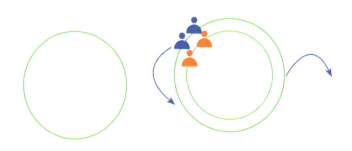

大二班课题游戏方案

一、进场

走6纵队：

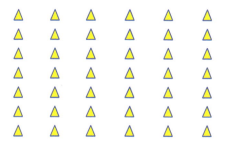

二、顶锅盖

1. 由纵队走大圆→2.大圆变六路开花→3.再由开花到六小圆：

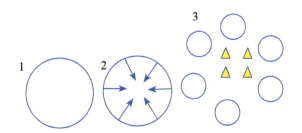

三、丢手绢

1.由六小圆变一个大圆→2.从圆圈内请出幼儿放手绢：

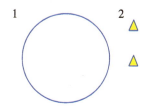

四、老鹰抓小鸡

1.由大圆变一路纵队→2.再由纵队变切断分队→3.由六小队变"十"字开花形:

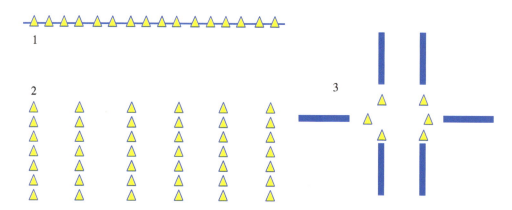

五、斗鸡

1.由"十"字开花形变一个大圆→2.由大圆分角色斗鸡:

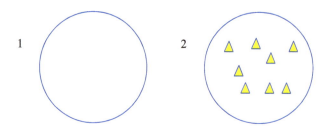

六、地雷爆炸

由乱中有序自由走跳模仿各种动物:

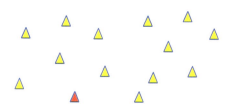

七、归队

由乱中有序中变大圆：

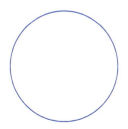

大三班课题游戏方案

一、顶锅盖

全班由六小队走成一个大圆，听到指令由小队长带队向中间集中形成六路开花，接着走成六个小圆，小队长站中间举高小手当锅盖，其他组员伸出食指顶在锅盖下，游戏开始。

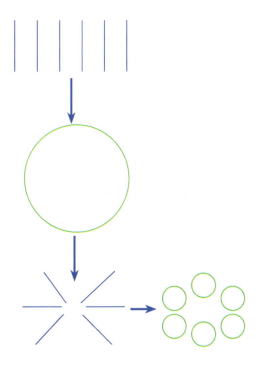

二、丢手绢

听到音乐由六小圆走成一个大圆，根据教师的指令立定蹲下开始游戏，由教师作为第一个丢手绢的人，拿着手绢围圈走，小朋友们蹲在圈上边拍手边唱歌，若有被捉到的小朋友进大圆等待。

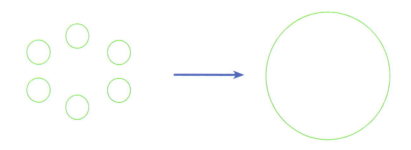

三、石头剪刀布

根据音乐进行队形变换，由原来的一个大圆变成两个同心圆，两个好朋友两两相对进行游戏，输的一方变成"木头人"，赢的一方围着"木头人"拍肩转一圈。

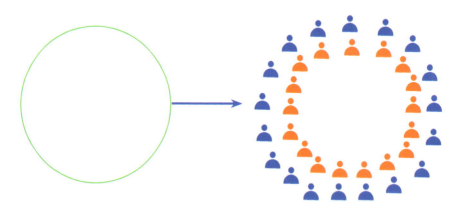

四、斗鸡

队形由两两对应的同心圆走成一个大圆，当音乐响起时，小朋友在圆圈上跟着老师做韵律，听到哨声女孩子进入圈内进行斗鸡，男孩子站圈上拍手，哨声再次响起时男孩子女孩子互换角色。

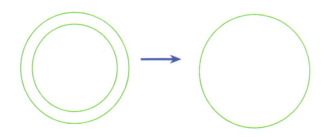

五、推小车

　　听到哨声，队形由一个大圆变成四路纵队，由每排的第一个小朋友做小车，第二个小朋友做推车手，以此类推，到达终点的小朋友回到自己的队伍排队，音乐响起开始游戏。

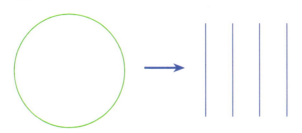

大班集体放松运动

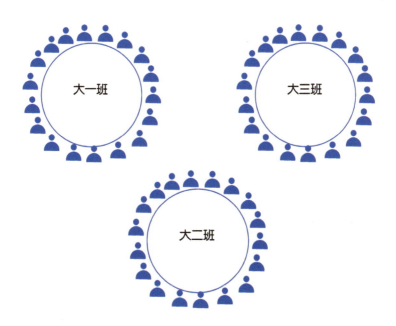

第五章

研究成果

让客家传统民间游戏永驻童心

——幼儿园开展客家传统民间游戏的意义

现如今的孩子整天面对电视、电脑和高档的电动玩具却总感到百无聊赖，地方文化资源已慢慢退出了孩子们的生活和视野，丰富的本土文化资源被忽视，以致白白浪费。若在幼儿园开展客家民间传统游戏，不仅可以激发幼儿的活动兴趣、增强幼儿体质，还能够培养幼儿的合作意识，培养其乐观、坚强的态度。十几年的幼教工作经验，让我深感挖掘客家传统民间文化的精华对培养幼儿全面发展意义深刻。

一、客家民间游戏可以培养幼儿参与活动的浓厚兴趣

要有效落实《3—6岁儿童学习与发展指南》精神，当前我们学前教育改革的当务之急，就是把童年还给孩子，把游戏还给孩子，注重幼儿尽情享受游戏的快乐幸福的童年。经过在幼儿园一段时间的教学实践，我发现，不管是哪种客家民间游戏，孩子们都非常感兴趣，参与积极性也非常高，比如说拍手歌，孩子们边拍手边念："嗒糖糖，卖糖糖，糖好吃，阿妈（阿爸、阿哥等）尝。"这首儿歌还可以随意创编："嗒粄粄，卖粄粄，粄粄好吃，阿妈尝。"这是我们组织孩子的最普遍的一种形式，儿歌简短易记，孩子们边念边拍手玩游戏，最后一句还可以根据自己的心情将"糖糖""粄粄"等拍给自己最喜欢的人吃。又如"挤暖"游戏，七八个孩子背靠在墙上一字排开，两边的孩子用力往中间挤，谁被挤出来了就排到两边，游戏继续进行，慢慢往中间靠的孩子会有即将获大奖般的兴奋，被挤出来了的孩子虽然"唉"了一声，却也仍有继续参加游戏的兴致，因为努力挤出别人也还能有往中间靠的机会。这些客家民

间游戏自身具有趣味性、挑战性，容易让孩子获得成就感，对孩子有很强的吸引力，孩子们乐此不疲地玩，大大地提高了孩子们参与游戏的兴趣。

二、客家民间游戏可以促进幼儿运动动作的灵活发展

民间游戏种类繁多，认真组织开展能增强幼儿身体素质，对幼儿动作发展起着多方面的作用。有的游戏是能促进幼儿走、跑、跳、钻等大肌肉动作发展的，例如穿大鞋，幼儿穿好大鞋后要朝直线方向行走才不会被绊倒，这就要求幼儿必须绷直脚走大步，稳定大鞋的方向；又如拖小车，幼儿必须向前直线或曲线跑，并且保持一定的速度持久跑，小车才不会反超到幼儿前面，或者停止滚动。有的游戏能发展幼儿小肌肉群和手眼协调能力，例如打沙包，幼儿玩的时候需要很好地掌握手心和手背控制沙包平衡的技能，这就要求幼儿小臂肌肉必须均匀用力，还要手眼协调，才能准确地接住或抓住沙包。还有的能训练幼儿的平衡能力和反应的敏捷性，像"斗鸡""编花篮""跳房子"游戏等，"冰块解冻""捉迷藏""抓手指"等游戏则是训练幼儿反应的敏捷性。这些客家民间游戏能培养幼儿初步的自我保护能力和机智勇敢的精神，促使幼儿机体健康和谐地发展，从而增强他们的体质。

三、客家民间游戏可以培养幼儿良好品质的稳步形成

客家民间游戏有它独特的趣味性，它对幼儿的自制力和坚持性有着良好的促进作用。例如"冰块解冻"游戏中，已变成"冰块"的幼儿必须一动不动地在原地待着，直到有伙伴来解救他，这对一个幼儿来说特别是自我约束能力较差的孩子无疑是一个比较严峻的考验，因为他们自始至终只能"定"在那儿等待别人来解救他。这对孩子的坚持性、自觉性的养成有着很大的促进作用。有些客家民间游戏难度较大，如在"摸田螺"游戏中，摸螺者必须蒙住眼睛，"田螺"必须猫着腰走，幼儿必须自始至终遵守这一规则，如果做不到，就会造成同伴都不跟他一起玩的后果，这类游戏大大锻炼了幼儿的意志，使幼儿获得耐挫能力。还有些游戏须分组进行，并有一定的规则，使幼儿在游戏中学会与人交往、协商、谦让、解决纠纷、遵守规则等社会行为，可以弥补独生子女家庭教育中缺少同龄伙伴的不足。

四、客家民间游戏可以促进幼儿多种能力的协调发展

客家童谣内容生动、朗朗上口、易记易诵，优美的音乐，和谐的节奏可以给孩子们情感的熏陶和美的享受，让幼儿不仅感受到客家方言的语言美，在增长幼儿的知识，丰富幼儿的语言，训练幼儿语音的同时，使我们的本土传统文化得到进一步的传承和发展。像"开火车"边唱歌边玩开火车的游戏："（车头）：哎嘿哎，涯个（我的）火车马上就爱（要）开嘞，（车厢）：往耐之（哪里）开嘞？往耐之（哪里）开嘞？（车头）：涯个（我的）火车爱（要）往××（地名）开嘞，爱（要）往XX开嘞！"有的客家游戏都配有朗朗上口的儿歌，我们也可以为民间游戏创编儿歌。这些儿歌非常顺口，颇具地方特色，深受幼儿喜欢，在增加幼儿民间游戏兴趣的同时，发展了幼儿的语言表达能力。如在"跳线绳"时，只是单纯地喊节奏，有点枯燥，但我们为其配上儿歌："风吹树叶哗啦啦，小红起来叫阿妈，阿妈说：'你睡吧！狼来了，我打它！'"节奏正好，一举两得。

五、客家民间游戏可以促进幼儿园与家长的沟通交流

在幼儿园开展客家民间游戏活动，也有助于亲子关系的改善。家长，尤其是老人们，对儿时的游戏往往都难以忘怀而且津津乐道，这对幼儿园征集和开展客家民间游戏有着极大的推动作用。以前以工作忙或农活多为由对幼儿的在园生活漠不关心的家长们在客家民间游戏的搜集活动中一反常态，热情特别高涨。在家里，家长怀着愉悦的情感，带着耐心和爱心，去和自己的孩子进行亲密的接触和交流，互教互动，尽情游戏。这对于习惯把自己封闭在家里的独生子女，获得的可是宝贵的社会交往机会，客家民间游戏发挥了其他教育难以替代的独特教育作用。

六、客家民间游戏可以促使教师专业素质的迅速提升

在幼儿园开展客家民间游戏活动，教师们通过对客家民间游戏进行收集、整理、筛选、拓展，并渗透在幼儿园的各项活动之中，而且要寻找客家民间游戏在幼儿主题活动中整合的有效途径，探索客家民间游戏在幼儿主题活动中进行渗透的教学方式，以形成一套科学、切实可行的渗透方法，从而积累一些优

秀的案例，这样可使教师获取更多的客家民间游戏理论知识，准确把握客家民间游戏作品丰富的内涵，提高教师对客家民间游戏的欣赏能力、表现能力，全面提升教师的客家民间游戏素养，进一步更新教育观念、增强反思能力，促进教师专业素质的迅速提升。

总之，客家民间传统游戏具有悠久的历史，是传统文化的传承，是一块瑰宝，它的魅力经久不衰。在幼儿园开展客家民间游戏活动，对幼儿动作发展、幼儿的自制力和坚持性的培养、情感的熏陶、亲子关系的改善、提升教师的游戏素养都有不可替代的作用。我们幼儿教师有责任将客家民间传统游戏深入幼儿园活动，让孩子们传承民间传统游戏的精髓，促进幼儿全面发展。

参考文献

［1］王文宝. 应该重视民间游戏的研究［J］. 神州民俗（学术版），2012（6）.

［2］黄桂华. 中国民间游戏［M］. 上海：上海市世纪出版集团，上海教育出版社，1998.

（平远县城南幼儿园　刘兰　获第六届全国素质教育教研成果评选一等奖，分别发表于《课程教研研究》《光明日报》《中国素质教育创新研究》）

幼儿园开展民间游戏教学的策略

爱游戏是幼儿的天性。高尔基曾说过："儿童通过游戏，非常简单，非常容易地去认识周围的世界。"目前，不少孩子常常躲在家里足不出户，玩电子玩具、玩手机、看电视、玩电脑，很少到空气新鲜、阳光充足的户外进行锻炼，很少与同伴一起玩游戏，交往意识、合作精神往往欠缺。许多幼儿园开展的游戏活动也往往多是现代化玩具，很少自制器械，这其实并不适合当前幼儿的教育。

客家地区民间游戏资源十分丰富，游戏形式多样，大部分具有浓厚的趣味性，符合幼儿好动、好学、好模仿、好游戏的心理特点，同时具有一定的思想性、教育性，较适合幼儿教学活动。身处客家地区的幼儿园，如果能够在平时的教学中加入客家民间游戏，既能丰富幼儿园游戏活动内容，又可以锻炼幼儿身体，促进幼儿身心全面和谐发展。那么，幼儿园该如何有效地开展客家民间游戏活动呢？

一、民间游戏选择须"适宜"

客家民间游戏历史悠久，种类繁多，难易程度各异，并非全都适合幼儿，必须选择"适宜"的游戏让孩子玩。因此，我们在收集、整理大量的客家民间游戏以后，进行综合研究、分析，结合幼儿园孩子身心发展的特点，进行筛选、归类，再有针对性地组织、开展。"适宜"的原则是：

（一）根据幼儿年龄段特点进行选择

每个年龄段的幼儿有着各自不同的特征，所适宜的客家民间游戏也会各不相同。如：小班幼儿的身体发展还不是很完善，动作协调性相对较差，但正是大肌肉动作迅速发展的时期，我们就开展比较简单的、情节性较强的"丢手绢""跳房子"等提高大肌肉动作机能的游戏；中班的孩子小肌肉动作发展比较快，动作的灵活性有所提高，我们就选择比较复杂一点的"挑花绳""踩花桩"等游戏，帮助幼儿小肌肉动作的灵活发展；大班的孩子动作协调性大大增强，下肢的发育较快，肌肉的力量和工作能力有较大的提高，我们就选择"跳皮筋""打石子""扔沙包"等动作难度更高、合作性更强的游戏。每个孩子都能开心地玩适合自己的游戏，锻炼了体能，获得了快乐的体验和和谐的合作。

（二）根据幼儿个体差异进行选择

幼儿之间是存在个体差异的，新《幼儿园教育指导纲要（试行）》再一次指出：尊重幼儿在发展水平、能力、经验、学习方式等方面的个体差异，因人施教，努力使每一个幼儿都能获得满足和成功。每个孩子成长的环境不同，家长的教养方式也不同，因而也决定了每个幼儿运动能力方面的个体差异。对于动作力度比较大但不够灵活的幼儿，我们选择掌握基本动作便能玩的"开合跳绳""斗鸡""扔沙包"等游戏，让孩子尽情释放动能，又不受技能限制。对于动作灵活性和协调性比较好的幼儿，我们选择"花样跳绳""挑花绳""打石子"等技能技巧性比较高的游戏，教师再进行适当的指导，使每个幼儿都能得到成功的体验，享受活动带来的乐趣，促进每个幼儿身心健康发展。

二、民间游戏要开展于幼儿一日活动中

（一）在一日活动的过渡环节中开展

幼儿在园的一日活动中有许多过渡环节，如来园后、离园前、进餐前、起床后等。由于这些过渡环节的时间比较零散，组织集体活动不太方便，因此我们可以选择一些不受时间、场地、人数等条件限制的客家民间游戏，将其穿插于各环节之间，优化一日活动质量，保证各环节过渡自然，减少幼儿等待时间。如：来园是幼儿愉快地开始一天生活的关键，我们准备了"挑花绳""抓沙包""猜拳游戏棋"等发展小肌肉或手眼协调能力的游戏，营造一种温馨的环境。进餐前后、午睡前后这些过渡环节要求幼儿安静等待，我们组织"拍手歌""东西南北"等游戏，这样可以减少幼儿的等待时间，也使各个环节过渡自然，管而不死，活而不乱。

（二）在日常的区域活动中开展

可以在益智区投放"穿绳""游戏棋""五子棋""王和兵"等线绳和各

类棋盘，使儿童在轻松自在的状态下积极开动脑筋。在美工区投放编织（用废旧挂历和毛线）、蛋壳民族娃娃（在鸡蛋壳上绘制客家娃娃）材料，可以培养儿童的创新能力、耐心和细心，同时还能促进他们手部小肌肉的发展。在表演区投放各种民间乐器、头饰、服装、图片等材料，让幼儿根据自己的喜好去选择自己喜欢的游戏，而且通过众多的图片，让孩子们了解更多有关客家民间游戏的知识，扩宽他们的视野；让孩子们穿上漂亮的服装，翩翩起舞，可以感受客家优美的旋律和舞蹈。所有这些无不让幼儿感受着客家民间艺术之美，陶冶了他们的情操，增强他们的民族自豪感。

（三）在每天的户外活动中开展

在每天的户外活动时间里，可以选择一些运动量大、发展儿童大肌肉动作的游戏，并且一般是采用集体与分散相结合的活动方式，充分发展幼儿的运动技能。例如：户外游戏"木头人""火车钻山洞"为幼儿扩展了游戏空间；"跳房子""骑竹马"让幼儿从客家民间游戏中学会了遵守纪律；"千千结""推小车"让幼儿学会了团结合作……在游戏过程中，让幼儿感受与体验客家民间游戏的快乐，增强了体质，培养了良好的行为习惯和坚强的意志品质。

此外，还可以在大型活动中加入客家民间游戏。我们尝试着将客家民间儿童游戏、民间体育运动等编排到韵律操、花式操中，使之有机结合，富有特色，通过组织亲子运动、混龄运动和体能大循环等大型运动进行实践。

三、民间游戏教学要深化为园本教育特色

要使民间游戏在幼儿园教学中"生根发芽，茁壮成长"，保有持续发展力，形成自己的教育特色，实施民间游戏教学一定时间后，必须有系统地进行园本培训和编制合适的园本教材。

（一）积极挖掘游戏资源，编制园本教材

幼儿园本身拥有的民间游戏教育资源较为缺乏，我们向社会、家长、老师发放《告知书》，集思广益，取得多方支持，家园共同搜集资料，并请专家指导，精心筛选，形成文本；开展教学活动后，反思总结，再改编、创新成新游戏，从而建构了具有园本特色的民间游戏教学资源，并精心编制文字及视频教材，发放到每个老师手中进行研究和消化。

（二）开展教师培训工作，提高教师教学素养

一是组织教师进行理论学习，就游戏对幼儿动作和智力等发展的利与弊进行研究，为教学工作找到了理论上的支撑。二是开展教师培训工作。民间游戏教学对老师来说是一次教学挑战，是全新的尝试。因此，为发挥教师在教学实施中的主体作用，我们将园本培训贯穿于教学实施中的全过程，开展了大量的培训工作。三是组织教研例会，提高认识，统一思想，在理论学习的基础上，共同探讨民间游戏教学规律，研讨民间游戏的概念、特点以及开发和实施民间游戏的意义，开展了"民间游戏之我见""民间游戏说课"等多次主题交流活动。四是开展教学观摩活动，形成教学研讨活动模式：教师游戏教学观摩—教学观摩后研讨—研讨后的游戏课再展示。通过活动的开展，激发了教师参与教学的积极性，彻底扭转了重室内活动轻游戏活动的思想，转变了教师教育教学理念。

（三）环境创设，营造氛围

"环境是重要的教育资源，应通过环境的创设和利用，有效地促进幼儿的发展，要充分利用自然环境和社区的教育环境。"我们非常重视为幼儿创设游戏生活环境，给幼儿营造快乐的游戏环境，寓教育于环境之中。在幼儿园户外活动场地上，绘画出小房子、跳八格、套圆等游戏图案，轮胎、小推车、铁环、跳绳、纸盒山洞等玩具随时摆放，便于幼儿取放，为幼儿进行游戏做好了充分的准备；在室内的壁橱上，摆满了各种各样的游戏玩具：穿绳、小水桶、小毽子、小玩偶、拖拉瓶等，让幼儿在丰富的物质环境中探索发现，快乐游戏，健康成长。

总之，客家民间游戏源远流长，资源也非常丰富，在幼儿园教学活动中合理地应用客家民间游戏，不仅能让各个活动环节平稳过渡，而且也可以使幼儿更好地自我发展，自我教育。因此，我们要重视客家民间游戏在幼儿园活动中的作用，挖掘客家民间游戏所特有的教育价值，从而提高幼儿园教育教学的效果。

参考文献

［1］中华人民共和国教育部制订.幼儿园教育指导纲要（试行）［M］.北京：北京师范大学出版社，2001.

[2] 中华人民共和国教育部制定. 3—6岁儿童学习与发展指南 [M]. 北京：首都师范大学出版社，2012.

[3] 李玉峰. 民间体育游戏对幼儿身心健康影响的实验研究 [J]. 南阳师范学院学报（社会科学版），2005（12）.

（平远县城南幼儿园　刘兰　发表于《广东教学报》2018年第45期）

创新游戏形式　拓展游戏空间

　　游戏是幼儿童年生活不可或缺的一部分，它是孩子童年的欢乐、自由和权利的象征。而在民间流传着许多具有生活气息，风采各异的游戏，我们将民间游戏灵活地、创新地融合在我们的园本课程之中。在实践中，幼儿三五成群一起游戏，通过互相协调、模仿，学会与别人友好相处，使幼儿助人、合作的心理品质得到更好的发展，并学会自己解决人际矛盾，学会控制自己的情绪和行为。幼儿参与体育锻炼的意识明显增强，活动中情绪愉快，自主性强，能够主动和同伴交流，具有较好的合作能力，我们体会到：民间游戏不仅简单易学、趣味性强，且种类繁多，不受场地、人数、孩子接受能力差异的限制。它不仅能促进幼儿基本动作的发展、口语能力的发展，还能促使幼儿社会性及其他能力的发展。因此，开展民间体育游戏对幼儿健康发展是非常重要的，同时是可行的。

一、紧扣儿童特点，凸显游戏特色

　　在平远县城南幼儿园开展的民间游戏特色活动中，我选择了"木头人"这个游戏，它的玩法是：一名教师当"蜜蜂"原地不动，教师走在队伍最前面，两名幼儿跟在后面做"木头人"，边走边念儿歌："山，山，山，山上有个木头人，不许说话，不许动。"当念到不准动时，教师迅速回头看，其余幼儿做木头人立刻定格不动，这时"蜜蜂"飞出来叮一叮不动的"木头人"，看谁能保持不动，然后继续游戏。指导重点：引导幼儿在观察、参与中了解游戏规则，熟悉游戏基本玩法。提问：刚才"木头人"是在什么时候做造型的，"小蜜蜂"要去挠痒痒时"木头人"动了没有？认真再看一次，我们再玩一次。"木头人"在说不许动时摆好造型，还要接受"小蜜蜂"的考验，"木头人"

不能动。看看哪个小朋友反应最灵敏。"木头人"的游戏虽然简单，但是适合大中小年龄段的孩子们，特别是小班的孩子刚来幼儿园，有的孩子口齿不清，还有的孩子缺乏集体意识，不懂倾听，不理解规则。而"木头人"附载的童谣儿歌生动具体，形式也非常活泼、轻松，幼儿在游戏中边玩边吟唱，情绪较为明快，始终处于欢乐之中。这对发展幼儿的口语表达能力具有特殊的价值，尤其对于胆量较小的小班幼儿，他们可以在没有心理压力，放松状态中，大胆表达，发展语言表达能力。同时，幼儿可以学会令行禁止，萌发规则意识。加强心理活动体验，增进孩子们之间的情感。懂得如何控制自己的情绪，或是挑动别人的情绪，增强人际关系，拉进心理距离。幼儿都非常喜欢玩这个游戏，乐在其中。

二、借助游戏载体，丰富游戏内容

它一般不受时间、空间、人数、年龄等条件的约束，不要求有整块的时间，也不苛求场地的大小。其次，幼儿民间游戏使用的玩具十分简单、廉价，一般都来自日常生活和自然的材料及半成品，甚至没有玩具也可以用替代物。如几颗干核桃，几个小沙包等。由于这些材料没有固定的形式，不表现某一具体的物品，儿童在游戏中可以根据自己的兴趣和想象，随意将材料进行加工和改造。有的游戏甚至只用幼儿的手、脚或身体的某些部位、某个动作就可以进行。如"木头人"不受场地控制和人数的控制，随时随地就可玩起来，更是不需要任何器械。

三、变化游戏形式，拓展游戏空间

我对原有的"木头人"游戏创新了几种方式。一是改编儿歌，让幼儿听口令做动作。玩法是第一遍以《木头人》儿歌开头，让幼儿即兴做动作，发挥幼儿的想象能力与创作能力。第二遍是改编儿歌，如：山，山，山，山上有只小青蛙，不许说话不许动。幼儿听到儿歌后立即做出相应动作，如青蛙是蹲跳的，老虎是张牙舞爪的，乌龟是爬行的。这样既可训练孩子的反应能力和听信息的能力，还可以增添游戏的趣味性和新鲜感，让游戏变化多样，不死板。二是孩子们的游戏，由孩子做主。在游戏的过程中，尽量尊重孩子的想法，尝试让孩子来当"领头人"，帮助孩子养成自主游戏的习惯，老师在旁起到辅助作用。给孩子一些机会，让他自己去体验。体验，是一种基于幼儿通过自身的活动经验，从中获得感性认识的过程，其主体在幼儿本人，由幼儿来当主人，增加幼儿团结合作的能力和责任感。三是加入运动元素。作为父母，都希望自己的孩子有着一个健康的身体，小孩子本身体质比大人弱，易感冒，最好的办法就是加强他们的体质。在民间游戏中就融入了一些体育锻炼，例如手脚着地爬、原地跳、青蛙跳或跑，这些动作都加强了孩子们的手、脚的动作，促进了孩子的骨骼肌肉的发育，锻炼了孩子们的技能和技巧，更有利于机体健康发展，从而也增强了孩子们的体质。

实践证明，在幼儿园中开展民间体育游戏，不仅是一种尝试，更是一种需要、一种新的体验。让幼儿在快乐有趣的民间游戏中得到成长，使得民间游戏这一珍贵的民族文化财产可以得以延续，让从民间来的游戏，重新回到民间，并在我们民族的世代传承中不断发展和壮大！农村民间体育游戏的多重教育价值是显而易见的，对幼儿身体发展具有关键性的作用；我们要充分利用和挖掘农村有利资源，传承和保留我们的传统文化，从而促进幼儿身体健康和谐地发展。"弘扬民族艺术、振奋民族精神"，民族的才是最好的，幼儿民间文化艺术无时无刻不在发挥着无穷的魅力，感染熏陶着孩子们，我们力求让民间艺术之花在孩子们幼小的心灵生根发芽，开出灿烂的民族之花。

参考文献

[1] 侯生辉，曲洪建，晋飞行.民间游戏的处境与开发[J].运动，2013（2）.

[2] 巩玉娜.传统民间游戏与幼儿园课程构建[D].济南：山东师范大学，2012.

[3] 张艳.开展民间体育游戏促进幼儿身心健康发展[J].神州民俗（学术版），2013（2）.

（平远县城南幼儿园　刘兰）

让幼儿在民间游戏中成长

一、客家民间游戏

客家民间游戏是客家地区民间流传下来的一种游戏形式，是民族文化的一部分，曾给我们的童年时期带来了许多欢乐。民间游戏具有农村特色和乡土气息，玩法简单易学、趣味性强、材料简便，不受人数、场地、环境限制。民间游戏对幼儿各方面发展的作用是不可估量的，幼儿可以通过玩民间游戏来培养体育、艺术、社会认知等方面的能力。针对幼儿这个年龄阶段所需要的发展，我园为幼儿制定了益智类、体能类、语言类等民间游戏，根据小、中、大班各个年龄阶段的幼儿设定了难易度不同的游戏，幼儿通过不同阶段的练习，在语言、体能等方面得到了不同程度的发展。

二、客家民间游戏的三大特点

随意性。民间游戏虽然有一定的规则，但还具有随意性。许多游戏不受场地、人数限制，只要知道玩法马上就可以开始游戏。比如"老鹰抓小鸡""跳格子"等游戏。

灵活性。民间游戏种类丰富，取材方便，而且一般不受时间、场地、人数等条件的限制，具有很大的灵活性。不论何时何地，幼儿都可以利用点滴的时间自由玩耍。许多游戏可就地取材，如在地上画"房子"，画好后就可直接进行"跳房子"的游戏。此类游戏具有很强的灵活性，不受时间、场地、人数等条件的限制，所以很受儿童青睐。

趣味性。民间游戏还具有极强的趣味性，符合幼儿好奇、好动的特点，让他们玩中乐、乐中学、玩中有得、玩中有创，能更好地促进他们全面发展。有的游戏还配有儿歌、口令，趣味性强，节奏感强。例如，"跳皮筋"可以边说儿歌边跳，玩法上可以从一根到两根、三根。

三、如何在幼儿园开展民间游戏

客家民间游戏在我园已深入开展，民间游戏不仅在体能方面得到发展，还渗透到幼儿教育的各个领域。我们将民间游戏分为了益智类、体能类和语言类游戏，让幼儿真正的在玩中乐、乐中学。

（一）在语言活动中贯穿民间游戏

幼儿早期的语言发展是通过听、闻、看等来发展他们的语言。而在听觉的过程中，要求小朋友们要集中精神、注意力。比如在小班的"做豆腐"这个民间游戏中，教师与幼儿以问答形式进行游戏，既培养了幼儿的协作能力，又发展了幼儿的语言能力。两人一组面对面坐，双手相拉，顺一个方向做"推磨"状。同时进行一问一答，顺一个方向做"推磨"状，动作要协调。

做豆腐

推推磨，拉拉磨，

你推我拉做豆腐。

问：做好豆腐谁来吃？

答：外婆吃。

问：外婆不吃谁来吃？

答：外婆不吃舅妈吃。

问：舅妈不吃谁来吃？

答：舅妈不吃舅舅吃。

（二）在数学活动中的运用民间游戏

民间游戏在数学活动中也得到了运用，将民间游戏渗透到数学中使得数学活动有趣、生动。幼儿在玩游戏的过程中提高了数学的能力。比如，在民间游戏"冰块解冻"中，只要有较宽敞的场地我们就可以游戏，全班幼儿在场地上走动，当老师喊到"一人结冰"时，就要做到一人站住不动，当"解冻"时可自由走动；当老师喊到"两人结冰"时，就要做到两人抱在一起不动，当"解冻"时可自由走动；当老师喊到"三人结冰"时，就要做到三人抱在一起不动，当"解冻"时可自由走动，以此类推数量，这让幼儿在游戏中逐渐有了对

数量的认识，发展了幼儿思维的敏捷性。

（三）在体育活动中的结合民间游戏

《幼儿园教育指导纲要（试行）》表明：幼儿园是以游戏为基本活动，幼儿每天在园户外活动不少于2小时，所以幼儿园户外活动尤为重要。而许多的民间游戏可以促进幼儿走、跑、跳、钻等大小肌肉的发展。我园将民间游戏融合入体能活动中，使得整个体育活动更加富有激情和活力。如中班级的"斗鸡"这一民间游戏，其充分提高了幼儿单脚站立的能力，同时培养了幼儿的意志力。"斗鸡"玩法：两个人或多人分一组左右单脚金鸡独立，腿抬起，用手握住脚踝关节，游戏开始，双方用膝互相撞或用躲、闪等动作，使对方失去平衡。

幼儿民间游戏的内容一般较为具体形象，形式多样化、活泼。大部分游戏还有配上一些朗朗上口的儿歌和口令，可以让幼儿在游戏中边玩边吟唱，别有一番滋味。让他们玩中学，乐中学，玩中得。如："做豆腐""丢手绢""切西瓜"等游戏，都可以让幼儿玩得不亦乐乎，又可以使幼儿身心得到全面发展。

民间游戏在幼儿教育活动中的应用不管在哪个领域哪个方面都是至关重要的，让孩子们形成活泼、乐观向上的性格，全面促进其不同领域的学习，让民间游戏在幼儿教育中得到更好的发展与应用。让每个孩子都能在我们传统的客家民间游戏中相伴成长，让孩子得到更好的发展。

参考文献

［1］王雨竹.民间游戏在幼儿教育中的意义［J］.甘肃教育，2006（10）.

［2］廖贻.对教师安排半日活动的组织策略的观察研究［J］.学前教育，2003.

［3］曹中平.民间体育游戏应用于幼儿健康教育的实验研究［J］.学前教育究，2005（1）.

［4］张静娣.在幼儿教育活动中开发利用民间游戏的研究［J］.新课程研究·学前教育，2012（1）.

（平远县城南幼儿园　刘兰）

民间游戏在幼儿活动中的作用

民间游戏作为一种游戏的形式，集趣味性和教育性于一体，朴实生动，取材方便，活动形式灵活多样，是幼儿获得快乐的重要来源，能促进幼儿多方面的发展。民间游戏是来自人们生活中自创的一种游戏形式，它不仅简单易学，趣味性强，而且能促进幼儿各方面的发展。幼儿可以通过民间游戏来培养身体、语言、数学、艺术、社会认知、心理素质等方面的发展，非常符合孩子游戏的需要。

一、在活动中实践和探索民间游戏

根据游戏的不同类型、组织形式等，结合科学性、教育性、适宜性、趣味性等原则，选择一些积极健康的、寓教于乐的、适合幼儿年龄特点的民间游戏，并对其进行适当的分类整理。如根据年龄特点分为：适合小班年龄段的民间游戏（"指鼻子""金锁和银锁""吹青蛙""赶小猪"等）；适合中班年龄段的民间游戏（"顶锅盖""球儿靠边走""猜拳游戏棋""拍手歌"等）；适合大班年龄段的民间游戏（"跳皮筋""三人跳绳""五子棋""坐轿"等）。

而我们班的孩子处于中班的年龄段，在一节体育类的民间游戏活动中，当我告诉孩子们游戏的名称"斗鸡"时，显得相当兴奋，第一次尝试玩不带任何道具的游戏。紧接着我演示斗鸡的动作给孩子们看，并讲解游戏"斗鸡"动作难点和玩法（两人各自用左（右）手攥住自己的右（左）脚），成单腿独立，用脚的膝部顶撞对方的膝部进行"决斗"。谁的双脚落地或身体倒地，即为输（不能用身体的其他部位去碰撞对方）。刚开始练习斗鸡的动作，大部分孩子的脚部力量不够，站也站不稳，后来经过几节活动的练习，能轻松玩耍起来了。在这个游戏中，孩子们通过膝盖的碰撞，提高了身体的感知能力，也增强

了孩子的竞争意识。在平时的游戏中，很少有过这样的碰撞游戏，因此孩子有很浓的新鲜感，虽然坚持的时间不长，脚常常掉下来，但是孩子们都很喜欢。

二、民间游戏有助于幼儿社会性的发展

1. 游戏是幼儿人际交往需要形成与发展的重要途径，也是这种需要寻求满足的途径。首先，民间游戏一般都需要若干幼儿共同合作才能进行，这样无形中就培养了幼儿的合作交往能力。幼儿可以从游戏中满足合群的需要，形成自然的游戏伙伴关系，通过过程中产生的不同意见和各种矛盾进行协商，统一意见。协调彼此的行动，达到合作的目的，从而形成了人际协调的合作关系。

2. 许多民间游戏带有竞争的性质，幼儿在游戏中享有充分的自由，他们的情绪是放松的。为了参加游戏，他们不断克服自身弱点，遵循规则，选择并忍受当前的不安，锻炼自己承受挫折、失败的能力，才能继续游戏。民间幼儿游戏的顺利进行，取决于幼儿对游戏规则的掌握，取决于幼儿的自我评价及对别人的监督，如果某幼儿在游戏中不遵守规则又想继续参加游戏，就会引来同伴的指责和不满。因此，民间游戏的开展过程，可以说是幼儿逐步形成良好个性心理和积极情感的过程。

三、与家长一起收集材料

我们可以充分利用家长的资源，为民间游戏收集各种各样的材料，首先我们可以先从教师做起，收集身边的瓶瓶罐罐、纸箱、纸杯、塑料管、废用光碟等。同时也发动家长收集以上材料，也可以通过家长宣传栏、家长开放日等多渠道来增强家长和幼儿的环保意识，并把收集到的物品利用起来，运用到民间游戏当中，让家长和孩子们看得见，并都能参与。

民间游戏就不失为一种简便、易行、经济实惠的活动。在经济发展、社会进步的今天，民间游戏早遗忘在角落，随之被孩子们手中各种各样、价钱昂贵的电子产品替代。虽然这些玩具也给幼儿带来了欢乐，但时间久了孩子们就失去了兴趣。民间游戏在幼儿园，不仅丰富了幼儿的游戏生活，更重要的是他们都能够在游戏里自由、轻松地玩耍，并从中促进幼儿各方面的发展能力。

（平远县城南幼儿园　刘兰）

客家民间游戏在幼儿教育中的实践与研究

客家民间游戏是幼儿教育的丰富物质资源和人文资源。目前，我们幼儿教师所编游戏大多内容单调，不能适应现代幼儿发展的需要，而富有特色、经济实惠、简便易行的客家民间游戏正是这一空白的填补者。我们根据新《幼儿园教育指导纲要》对幼儿游戏提出的新要求，对客家民间游戏进行研究，开发、改编挖掘它的教育娱乐潜能，探索出了运用客家民间游戏发展幼儿多元智能的有效方法，并将研究成果和教学设计对周边幼儿园进行辐射推广，取得良好的效果，助力幼儿教师专业成长，让它更好地为幼儿教育服务。

一、研究背景

民间游戏作为传统文化的一部分以其独有的特点及价值，在幼儿发展中起着十分重要的作用。我们客家人向来重视儿童的早期教育，生动活泼有趣的民间传统儿童游戏，就是其中主要手段之一。富有特色的客家民间儿童游戏，文化内涵深刻，无须特殊场地，器具就地取材，易学好玩较安全，还多具有竞技性，世世代代相传，深得家长和孩童的喜爱。所以说民间游戏是幼儿园活动中不可多得的可利用的民族文化教育资源。民间游戏由于所表现的内容往往源自人们的现实生活和劳动，游戏活动中所配有的歌谣一般也是用当地人习惯的语言表达方式来体现，这就使得民间游戏贴近本地特色，贴近儿童生活。所以，让富有特色、内涵深刻、场地简单、就地取材、易学易玩的客家民间游戏走进幼儿园给孩子们带来身心健康成长，其作用不可估量。

二、研究方法

根据客家民间游戏和幼儿年龄的特点，选择以下三个方法开展研究：

一是调查研究法。在教学活动中积累经验，对孩子、家长进行调查，找出家长和孩子们平时对客家民间游戏的积累，加强家园合作，让家长对孩子进行必要的引领和指导，在此基础上进行研究，改变创造，积累经验，找出多种游戏的玩法。同时在游戏过程中，跟幼儿进行最真实、最直接的沟通，了解他们在玩游戏之后最真实的想法和直接的反应。

二是观察研究法。对参与活动的幼儿进行现场观察，及时记录幼儿的言语、动作，以及在游戏过程当中的真实反应。有目的、有计划、有系统地搜集有关研究对象的活动状况，并做好实时记录，取得相关数据。

三是行动研究法。以行动研究为主要导向，理论结合实践，实施以幼儿为主体，以活动案例为载体的教研活动模式，注重行动研究—反思—提出问题—解决方案—再次活动（行为跟进），紧密结合实践中的难点尽心研究。

三、实践过程及研究成效

（一）挖掘、整理和研究客家民间游戏，促进幼儿身心健康和谐发展

根据《幼儿园教育指导纲要（试行）》按照幼儿学习活动的范畴，我们将收集到的四十多例民间游戏划分为体育类、益智类、语言类三大类，结合民间游戏的难易程度，根据幼儿的不同年龄段特点，将民间游戏有选择地、灵活地分别划分到小班、中班、大班三个年级组，编制了分年龄段的案例设计集（《客家民间游戏园本教材》共三册），为客家民间游戏教学实施提供了更为系统的借鉴，老师们创造性地将客家民间游戏融合在我们的园本课程之中，让课题的研究更加精彩与高效。例如：中班级的"推小车"游戏，原本单一的一人两手撑地爬，一人帮忙抬起双脚的游戏，在教研深挖提炼后，融入了开着小车去兜风，上坡又下坡，还能载上一些东西和同伴进行竞技，这种游戏弥补了幼儿之间少有的交流，也锻炼了孩子的大肌肉运动和身体的平衡协调力和控制力。

结合课题的开展，我们将幼儿喜爱的客家民间游戏按照不同技能进行有效融合、搭配，形成每周一次的混龄大运动，在一次次游戏中，孩子们累得气喘了，汗淌了，脸上也绽放出了喜悦的笑容。孩子们体会到了客家民间游戏带来的快乐，这既锻炼了孩子的体质，提高了动作的灵活性，也愉悦了幼儿的身心。

（二）开展形色多样的客家民间游戏，激发幼儿的创造和合作意识

在民间游戏活动中，鼓励幼儿大胆地尝试，探索与别人不一样或更好的

方法，使幼儿自主创造，敢于提出自己的想法和观点，充分挖掘幼儿的创造潜能，启发幼儿的创造性思维，做到一物多用、一物多玩，引导幼儿大胆地、自主地参与活动。如在玩纸球的过程中，引导幼儿探索"纸球"的不同玩法，如：可以抛接、可以投掷、可以向前滚，等等。让幼儿运用已有的知识经验，引导幼儿进行创造性思维，使幼儿大胆加入游戏中，真正成为游戏的主体，在创造中引导孩子玩控制力量的民间游戏"球儿靠边"，在创造中玩锻炼灵敏躲闪的民间游戏"投纸球"，等等，通过实践克服种种困难，从而提高幼儿的创造性和自主性。

许多民间游戏需要在活动中互相合作着玩，老师在民间游戏的组织中让幼儿任意组合，在合作过程中让幼儿产生愉悦感和成功感。如"编花篮"游戏需要多名幼儿将其中一只脚按一定的要求架在一起，一边念着儿歌一边跳着转圈，这需要大家一起保持平衡，配合好同伴的跳步节奏和距离才能够完成。"坐轿"游戏需要两名幼儿双手互相搭好形成"轿子"才能抬得动另一名同伴到达目的地等等，在老师的鼓励下，在一次次的成功体验中，让幼儿体会了同伴合作的力量，同时体验合作的乐趣，从而乐于合作、善于合作。

我们对开展的每一个游戏都进行了多元价值分析，发现通过丰富的游戏，幼儿的社会交往能力、智力、体能都有较大提高，特别是社会交往能力提高很快。我们开展了课题阶段性成果展示，开发了以民间游戏为主的"客家民间游戏混龄大运动"，通过教师的分析总结，我们已经能够熟练地运用游戏发展幼儿的多元智能，并将研究成果和教学设计对周边幼儿园进行辐射。经过客家民间游戏的开发运用，幼儿不论是体育运动、合作能力，还是意志力、学习模仿能力都得到了不同程度的提升。现在，每到大型集体游戏开展时，孩子们都能够主动邀上同伴一起，推的推，抬的抬，共同合作将器材摆放好，布置好活动场地，整个氛围积极又温馨。

（三）加强客家民间游戏园本课程研究，形成客家民间游戏园本特色

我们通过利用幼儿园的场地、器材，形成各个户外活动区域，创设宽松的环境、提供丰富的器械、打破年龄段和班级界限，开展了每周一次的"客家民间游戏混龄大运动"，按照民间游戏不同的运动技能，将民间游戏划分为灵敏协调区、跳跃区、平衡区、互助合作区、攀爬区、投掷区等六大区域，以"大带小、小促大"的方式，在活动场地上与不同年龄的孩子游戏、玩耍，可以自

由地选择活动内容和器械，享受游戏的快乐和精彩；同时增强大孩子的责任感，引导年龄较小的孩子从哥哥姐姐身上学会本领，找到并参与到适合自己的活动中。客家民间游戏培养幼儿大胆自信、坚强勇敢的个性品质，学会交往与合作，让客家传统民间游戏得到传承的同时促进幼儿健康、快乐成长。

（四）深化客家民间游戏活动研讨，促进了教师专业素质提高

我们针对实践中的难题不断开展研讨，从一开始的游戏筛选、游戏组织到后来的游戏观察、游戏评析、整理论文，同时，利用书籍、音像等资源来充实学习，通过专家教授面对面的交流来获取重要资源，鼓励教师积极撰写探索论文、教育教学随笔和优秀课例，设计制作教学课件和自制民间游戏玩教具，以此加深老师对课题的研究提升老师们的专业能力、自身修养和专业素质，不断提高幼儿教师专业水平，进而让幼儿真真正正体验玩客家民间游戏乐趣。

参考文献

［1］王斐.民间游戏的实践探究［J］.读写算（教育教学研究），2012（50）.

［2］李战宏.幼儿园课题研究促进教师专业成长［J］.求知导刊，2015（24）.

［3］付晓莉.幼儿园中华文化启蒙教育现状、问题及对策研究——以济南市部分幼儿园为例［D］.济南：山东师范大学，2014.

［4］金娜.浅谈民间游戏在幼儿园活动中的运用［J］.读与写（中旬），2016，13（11）.

［5］何学萍.挖掘藏族地域文化开展幼儿园游戏课程的探索［J］.课程教育研究（新教师教学），2014（4）.

（平远县城南幼儿园　刘兰）

附　录

语言游戏儿歌

手指点点

一个手指点点，两个手指剪剪，三个手指弯弯，四个手指叉叉，五个手指开花。

做糖果

嗒（客家话）糖糖，卖糖糖，糖好吃，阿妈尝。

做豆腐

推推磨，拉拉磨，你推我拉做豆腐。

问：做好豆腐满人（客家话：谁）来吃？

答：外婆吃。

问：外婆不吃满人（客家话：谁）来吃？

答：外婆不吃舅妈吃。

问：舅妈不吃满人（客家话：谁）来吃？

答：舅妈不吃舅舅吃。

……

摸田螺

摸，摸，摸田螺，摸得多，分给你一点，摸得少，你自己去摸。

拍手游戏歌

你拍一，我拍一，黄雀落在大门西。你拍二，我拍二，黄雀落在树尖上。
你拍三，我拍三，三三见九九连环。你拍四，我拍四，四个小孩写大字。
你拍五，我拍五，五个小孩画老虎。你拍六，我拍六，六碗包子六碗肉。
你拍七，我拍七，七个小孩打野鸡。你拍八，我拍八，八个小孩吹喇叭。
你拍九，我拍九，九只胳膊九只手。你拍十，我拍十，庄家老汉看粮食。

顶锅盖

顶锅盖，油炒菜，辣椒辣了不要怪。呼——一口风；呼——两口风；
呼——三口风！

切西瓜

切，切，切西瓜，我把西瓜切两半，切到谁，谁来切……

编花篮

编，编，编花篮，花篮圆，去采莲，花篮转，庆丰年。

益智游戏儿歌

蒙眼摸人

摸、摸、摸田螺，摸到谁，谁来摸……

体育游戏儿歌

木头人

山，山，山，山上有个木头人，不许说话不许动。

切西瓜

切，切，切西瓜，我把西瓜切两半，切到谁，谁来切……

编花篮

编，编，编花篮，花篮里面有小孩，小孩名字叫花篮，蹲下起来，坐下起来，

三五六，三五七，三八三九四十一，

四五六，四五七，四八四九五十一，
五五六，五五七，五八五九六十一，
六五六，六五七，六八六九七十一，
七五六，七五七，七八七九八十一，
八五六，八五七，八八八九九十一，
九五六，九五七，九八九九一百一。